Vencendo a batalha diária contra Satanás

Desmascarando
Satanás

Desmascarando
Satanás

Ray C. Stedman

Spiritual Warfare: winning the daily battle with Satan
Original edition © 1975 Ray C. Stedman
This edition © 1999 Elaine Stedman. All rights reserved.
Translated and Published by special arrangement with
Discovery House Publishers, 3000 Kraft Avenue SE, Grand Rapids, Michigan, 49512 USA.

Tradução:	Hedy Maria Scheffer Silvado
Revisão:	Rita Rosário
Projeto gráfico:	Audrey Novac Ribeiro
Desenho da capa:	Cristina Férnandez-Mershon, Audrey Novac Ribeiro

Dados Internacionais de Catalogação na Publicação (CIP)

Stedman, Ray
Desmascarando Satanás — Vencendo a batalha diária contra Satanás; tradução de Hedy Maria Scheffer Silvado — Curitiba/PR Publicações Pão Diário.

Título original: *Spiritual Warfare: winning the daily battle with Satan*
1. Batalha Espiritual
2. Vida cristã

Proibida a reprodução total ou parcial, sem prévia autorização, por escrito, da editora.
Todos os direitos reservados e protegidos pela Lei 9.610, de 19/02/1998.
O texto inclui o acordo ortográfico conforme Decreto n.° 6.583/08.

Exceto quando indicado no texto, os trechos bíblicos mencionados são da edição Revista e Atualizada de João Ferreira de Almeida ©2009 Sociedade Bíblica do Brasil.

Traduzido e publicado por Publicações Pão Diário sob acordo especial com Discovery House Publishers, EUA.

Publicações Pão Diário
Caixa Postal 9740,
82620-981 Curitiba/PR, Brasil
publicacoes@paodiario.org
www.paodiariopaodiario.com.br
Telefone: (41) 3257-4028

1.ª edição: 2009 • 3.ª impressão: 2024

Código: BQ680
ISBN: 978-1-57293-291-3

Impresso na China

Sumário

A batalha é do Senhor — 7

1. As forças que enfrentamos — 11
2. Começando a batalha — 29
3. A estratégia de Satanás — 47
4. As táticas de terror — 67
5. Armados para a batalha — 93
6. Resistindo ao diabo — 111
7. Esperança para mentes lúcidas — 125
8. Esgrima espiritual — 145
9. Enfrentando a investida — 165
10. A postura infalível — 185

A batalha
É do Senhor

Era uma manhã de domingo, quente e calma, na ilha havaiana de Oahu. A data, 7 de dezembro de 1941. De repente, de um céu azul lindo e claro, aviões desceram zumbindo como um enxame. E num piscar de olhos, barcos se incendiaram e bolas de fumaça preta de óleo subiram ao redor de *Pearl Harbor*. Naqueles barcos, homens morreram sem um aviso sequer — alguns estavam dormindo em seus beliches.

A bordo do cruzador *New Orleans*, um capelão chamado Howell M. Forgy ajudou um grupo de tripulantes a entrar num depósito de munição que estava trancado, para que seu navio pudesse se defender. Depois de Forgy e os tripulantes entrarem no depósito, descobriram que o guindaste de munição não funcionava. Então o capelão Forgy e os outros homens resolveram fazer uma corrente humana, passando de mão em mão as bombas de artilharia pesada até o convés, como uma brigada utilizando baldes de água num incêndio.

As bombas eram pesadas e o trabalho difícil e desanimador, e tinha que ser realizado em meio ao cheiro de fumaça e ao som de gritos humanos, ronco de aviões e estrondo de bombas. O capelão Forgy notou que os braços dos homens estavam enfraquecendo e seus rostos mostravam sinais de desesperança.

Com um grande sorriso no rosto, deu um tapinha nas costas do homem ao seu lado e gritou: "Louve a Deus e passe a munição!"

Esta história foi mais tarde recontada e as palavras do capelão se tornaram as primeiras linhas de uma canção de guerra que elevou os espíritos de uma nação inteira em luta.

Eu e você enfrentamos a mesma situação hoje. Estamos sob um pesado ataque — um terrível ataque moral e espiritual — e a devastação desta guerra espiritual está por todo lado: em nossa sociedade, em nosso governo, nossas universidades, em nossa mídia, em nossa vizinhança, em nossas famílias, em nossas igrejas e em nossas vidas. Há pessoas feridas ao nosso redor e nós mesmos fomos atingidos pelas flechas certeiras do nosso inimigo. Para sobreviver e vencer temos que montar uma forte defesa e engajar o inimigo na batalha. Precisamos aprender a "louvar ao Senhor — e passar a munição!"

E quem é o inimigo que tenta nos destruir?

Atrás da confusão e da névoa da batalha está um ser espiritual, real, astuto, poderoso e devastador, a quem nosso Senhor Jesus chamou de "o príncipe deste mundo", o diabo. Apesar do crescente interesse no ocultismo, crendices da Nova Era e satanismo, há ainda uma chocante ignorância por parte dos cristãos em como lidar com o diabo e seus estratagemas.

É tempo, para nós, os que cremos no Senhor Jesus Cristo aceitarmos o fato de que a vida é uma guerra e que estamos engajados numa luta de vida ou morte. As forças que enfrentamos não são inimigos de carne e osso, também não são forças humanas, mas são tão reais como qualquer inimigo que sempre portou uma espada, arma de fogo ou lança-chamas. Nosso inimigo é uma legião — um panteão de hostes espirituais do mal. Embora invisíveis estas forças são totalmente dedicadas a nos destruir.

Estas forças agem sob a autoridade daquele que é chamado o pai das mentiras, o príncipe das trevas, o próprio diabo. Somente reconhecendo-o como verdadeiro, como afirmam claramente as Escrituras, podemos começar a entender a realidade que nos cerca. Somente então poderemos viver a vida como ela verdadeiramente é, e compreenderemos a necessidade vital de vestir toda a armadura de Deus, a qual longe de ser simplesmente uma figura de linguagem, é de fato o próprio Cristo.

Em nossas próprias forças somos incapazes de enfrentar um inimigo tão poderoso como o diabo. De fato, a verdadeira vitória na batalha espiritual exige que reconheçamos nossa incapacidade e fraqueza. Deus nos deu três conselhos específicos para nos tornar vencedores:

Primeiro, devemos nos colocar sob a completa proteção de Cristo, o que a Bíblia chama de revestir-se de toda a armadura de Deus.

Segundo, uma vez armados, temos que orar. Quando nos revestimos com a armadura de Deus, a oração se torna eficaz.

Terceiro e último, diante dos ataques de Satanás, temos que permanecer firmes em nossa fé reconhecendo que a batalha pertence ao Senhor. Nossa fé em Sua vitória — vitória que já foi conquistada na cruz — é o que vence o mundo.

O propósito deste livro é ajudá-lo onde é mais necessário: nos conflitos diários, nos quais nosso inimigo continuamente nos ataca com hostilidades explícitas, tentações sutis, temores e ressentimentos doentios, medos paralisantes, decepções amargas, ou naquela vaga e indizível depressão espiritual que tão frequentemente nos ataca, rouba a paz e o sono às 3 horas da manhã. É aqui que as grandes questões espirituais são realmente vencidas ou perdidas — e onde os grandes recursos de Cristo são mais necessários do que em qualquer outro tempo.

—Ray C. Stedman

NOTA DO AUTOR: Tenho uma dívida de gratidão com o Dr. Martin Lloyd-Jones, pela série de estudos do livro de Efésios 6, publicados periodicamente no *Westminster Record* e com a equipe pastoral da Igreja Evangélica da Península por seu constante encorajamento.

CAPÍTULO 1

AS FORÇAS QUE ENFRENTAMOS

Quanto ao mais, sede fortalecidos no Senhor e na força do seu poder. Revesti-vos de toda a armadura de Deus, para poderdes ficar firmes contra as ciladas do diabo; porque a nossa luta não é contra o sangue e a carne, e sim contra os principados e potestades, contra os dominadores deste mundo tenebroso, contra as forças espirituais do mal, nas regiões celestes. Portanto, tomai toda a armadura de Deus, para que possais resistir no dia mau e, depois de terdes vencido tudo, permanecer inabaláveis (Efésios 6:10-13).

Deus não está interessado em religião, mas está tremendamente interessado em vida. Você não pode ler o Novo Testamento sem perceber que Jesus não hesitou em quebrar as regras do Sábado em Seus dias, quando elas feriam as necessidades reais de um ser humano despedaçado, que precisava de cura. Deus não está preocupado com vitrais, música de órgão, hinos congregacionais ou orações pastorais, mas Ele se preocupa em produzir lares cheios de amor, corações generosos, bravos homens e mulheres que possam viver vidas piedosas neste mundo de trevas e maldade. Seu objetivo para nossas vidas é que sejamos pessoas de mentes e corações incorruptos, vivendo e projetando Sua verdade e Seu caráter num mundo regido pelo pecado.

Eu estou profundamente convencido que nós só podemos entender a vida quando nós a vemos como a Bíblia a vê. Foi por isso que a Palavra de Deus nos foi dada — para abrir-nos os olhos para a perspectiva de Deus sobre a vida e a realidade. O mundo que vemos ao nosso redor — o mundo do entretenimento e notícias vespertinas, da informação instantânea através da internet, da luta política "no ringue" e revolta social — este é um mundo de ilusão. Embora normalmente o chamemos de "mundo real", este é um disfarce que está destinado a desaparecer. O que Deus chama de realidade é algo que existe além das paredes frágeis deste mundo e é muito mais real e duradouro do que o nosso mundo chamado "real". Nossos olhos e mentes são constantemente enganados pelas perspectivas distorcidas, crenças truncadas, valores falsos e programas temporários deste mundo moribundo.

Mas quando nós buscamos na Bíblia, aprendemos a verdade. Nela a realidade nos é exposta e enxergamos o mundo como ele realmente é. Quando chegamos ao mais básico da vida e desnudamos todas as ilusões confusas, descobrimos que a vida é exatamente o que a Bíblia diz que é.

Podemos não querer ouvir o que a Bíblia nos diz. Podemos achar que o diagnóstico bíblico a nosso respeito é muito duro, ou que sua receita para a nossa cura é muito difícil de ser seguida — mas se rejeitamos sua verdade, conseguimos somente nos autoenganar. Talvez preferíssemos retirar somente a cereja do bolo — para escolhermos os versos que nos agradam e deixarmos de lado os que expõem nossas falhas e pecados. Não nos compete julgar a Palavra de Deus, mas, ao contrário, devemos nos submeter ao Seu julgamento, porque ela é inspirada pelo próprio Deus. Nós não temos a autoridade para "corrigir" Suas palavras, mas aquelas palavras têm autoridade para corrigir nossas vidas.

Por isso, vamos parar com a tolice de julgar as percepções do Senhor Jesus Cristo. Neste mundo somos frequentemente confrontados com a possibilidade de escolher entre aceitar a frágil e falível "autoridade" de meros seres humanos ou a certa, clara e infalível Palavra do Senhor Jesus Cristo. No entanto, como cristãos, como pessoas que carregam o nome de Cristo, devemos continuamente reduzir cada discussão a esta simples consideração: "Devo aceitar a palavra desta pessoa — ou a Palavra de Cristo? Se a palavra desta pessoa concorda com o que o Senhor diz, então é verdade. Se porém, a palavra desta pessoa discorda da Palavra de Deus, devo rejeitá-la, porque não há maior autoridade do que Deus."

A VIDA É UMA BATALHA

Em Efésios 6 o apóstolo Paulo expõe sua análise da vida, especialmente a maneira que ela se relaciona à vida cristã. Para ele a vida é uma batalha, é um conflito, é uma guerra. Sob a inspiração de Deus, Paulo escreveu:

> Quanto ao mais, sede fortalecidos no Senhor e na força do seu poder. Revesti-vos de toda a armadura de Deus, para poderdes ficar firmes contra as ciladas do diabo; porque a nossa luta não é contra o sangue e a carne, e sim contra os principados e potestades, contra os dominadores deste mundo tenebroso, contra as forças espirituais do mal, nas regiões celestes. Portanto, tomai toda a armadura de Deus, para que possais resistir no dia mau e, depois de terdes vencido tudo, permanecer inabaláveis (Efésios 6:10-13).

Em nenhum lugar desta passagem temos a impressão de que a vida é "mamão com açúcar". Ao contrário, desnudada até sua essência, a vida nada mais é do que uma longa batalha, uma luta com intermináveis assaltos. É claro que não gostamos desta ideia! Sentimo-nos merecedores de uma vida essencialmente fácil e sem preocupações, com trabalho suficiente para nos mantermos ocupados e interessados. Sentimos que temos o direito de esperar um tipo de vida sem dificuldades, como diz a canção:

Construiremos um ninho,
Em algum lugar bem longe,
E deixaremos que o resto do mundo siga em frente.

Tendemos a pensar nas provações, pressões e problemas da vida como uma intromissão injusta e importuna em nossa bela e organizada existência. Paulo, porém, nos diz que essas aflições e problemas não são *intromissões* em nossas vidas, mas *a própria vida!* A vida é feita destas coisas: conflitos, lutas e escolhas difíceis.

Não há nada de errado em sonhar e fazer planos para o futuro. Não há nada de errado em aproveitar a vida. De fato, nossos sonhos românticos e idealizados da "boa vida" são um tipo de memória racial, vestígios remanescentes daquilo que um dia foi a intenção de Deus para homens e mulheres. No tempo certo de Deus, a era dourada pela qual ansiamos se tornará realidade — mas isto só acontecerá na vida além, não nesta vida aqui e agora.

O apóstolo Paulo nos diz que a vida é uma batalha, um conflito de vida ou morte entre forças opostas. Se tentarmos ignorar o conflito, se não escolhermos com firmeza o lado certo, não vestirmos nossa armadura e não tomarmos nossas armas para a batalha, inevitavelmente ficaremos chocados e abalados pela realidade espiritual. Poderemos até nos tornar vítimas de uma batalha que achávamos que podíamos fazer sumir num passe de mágica. A verdade dá um jeito de se intrometer em nossas pequenas ilusões prazerosas.

Todos nós sabemos o que significa abandonar nossas ilusões e enfrentar a verdade. As férias terminam e temos que deixar os locais por onde viajamos e retornar ao nosso mundinho onde fazemos a vida acontecer. Podemos perder um ente querido e temos que lutar contra a solidão, o luto e finalmente com a mortalidade humana. Ou perdemos nossa saúde, ou nossa prosperidade, ou outra perda pessoal. Isto acontece o tempo todo. Somos continuamente sacudidos de nossos sonhos e devaneios e forçados a encarar as duras realidades da vida e da eternidade.

Na revista do Instituto Naval, *Proceedings* (Procedimentos), o oficial da marinha Frank Koch conta a história de um incidente que lhe aconteceu no mar — incidente que ilustra o princípio do qual Paulo fala:

> Dois encouraçados designados para o esquadrão de treinamento estavam no mar enfrentando mau tempo, fazendo manobras, durante vários dias. Eu estava servindo no encouraçado líder e estava de guarda na ponte de comando do navio quando a noite caiu. A visibilidade era baixa por causa do nevoeiro, por isso, o capitão permaneceu na ponte, de olho em todas as atividades.
>
> Logo depois de escurecer, o vigia da asa da ponte relatou: "Luz a estibordo da proa."
>
> "É fixa ou se move de trás?" Perguntou o capitão.
>
> O vigia respondeu: "É fixa, capitão, o que significa que estamos em rota de colisão com aquele navio."
>
> O capitão então chamou o sinaleiro, "Sinalize àquele navio: Estamos em rota de colisão, aconselho que mudem a rota em 20°."
>
> Receberam de volta um sinal, "É melhor vocês mudarem o curso em 20°."
>
> O capitão disse, "Sinalize, eu sou o capitão, mude seu curso em 20°."

"Eu sou um insignificante oficial de segunda classe", veio a resposta. "É melhor vocês mudarem a rota em 20º."

Agora o capitão estava furioso. Ele cuspiu, "Eu sou um encouraçado. Mude sua rota em 20º."

Através da luz que piscava, veio a resposta: "Eu sou um farol."

E nós mudamos de rota.

A verdade de Deus é como aquele farol e nós como aquele encouraçado. Em nossa arrogância humana, traçamos nosso próprio roteiro e exigimos que o mundo se adapte aos nossos desejos. Mas a verdade de Deus é imutável, inquebrável, inflexível. Não é dever de Deus alterar Sua verdade. É nossa responsabilidade traçar nossa rota alicerçando-a à luz da Sua Palavra, que resumindo, é a realidade. Se falharmos em fazer isso, correremos o risco de acabarmos com nossas vidas encalhadas num banco de areia.

"QUANDO O DIA MAU VIER..."

O apóstolo Paulo nos diz que a intensidade desta luta varia de um dia para o outro. Ele diz que devemos aprender a resistir quando o "dia mau vier". Isto quer dizer que nem todos os dias são maus; alguns serão piores do que outros. Há épocas em nossas vidas quando as pressões são mais intensas e quando os problemas, provações e tentações parecem vir sobre nós de uma vez só. Estes são facilmente reconhecidos como dias maus. O "dia mau" pode não ser literalmente um dia de 24 horas — pode ser um dia, uma semana ou até durar anos. Mas graças a Deus que a vida não é só uma implacável e terrível provação. Há certos momentos em que conseguimos descansar da batalha, a pressão se reduz, há um alívio das circunstâncias esmagadoras e das decisões agonizantes.

A razão pela qual não estamos sempre sob pressão é a graça de Deus. O fato é que a vida inteira seria um dia mau se não fosse pela graça e pela bondade de um amoroso Deus. Ele está continuamente operando para restringir os poderes que guerreiam contra nós, permitindo tempos de refrigério, recreação, prazer e bênçãos. É triste que muitos de nós não valorizemos estes tempos de refrigério, aproveitando-os, sem pensar nem mesmo por um momento, na bondade de Deus que os torna possíveis. Ao invés de agradecermos a Deus por esses momentos de refrigério, nos sentimos merecedores das bênçãos de Deus e somos rápidos em reclamar que Deus é injusto quando a vida não acontece segundo nossas expectativas. Esta ideia é passada por Paulo na sua carta aos Romanos:

> Ou desprezas a riqueza da sua bondade, e tolerância, e longanimidade, ignorando que a bondade de Deus é que te conduz ao arrependimento? (Romanos 2:4).

Portanto, se todo dia não é um "dia mau", temos que concordar com a Palavra de Deus quando ela nos diz que, em geral, a vida é uma implacável luta. Uma luta com intensidade variável de tempos em tempos, mas que começa no berço e termina na sepultura.

A NATUREZA DA NOSSA LUTA

Paulo segue analisando e definindo para nós a natureza da luta — é crucial que se entenda isto. Ele diz que o nosso conflito não é contra carne e sangue, isto é, na guerra espiritual não há embate de homem contra homem. Não é uma batalha política, social, econômica, nem mesmo uma batalha religiosa-teológica-doutrinária. Não é uma luta *entre* seres humanos, mas *dentro* deles.

Deixe-me fazer uma pergunta: O que lhe traz mais dificuldades na vida? Para a maioria de nós, de uma forma ou de outra, a resposta é: Gente! Você pode lutar intensamente com um membro da família, seu cônjuge, filho/a, pai/mãe; ou você pode ter um choque de personalidades gerando conflitos em seu escritório, em sua igreja ou em sua vizinhança.

Na esfera política, os Republicanos estão sempre aborrecidos com os estratagemas dos Democratas e estes, estão sempre irritados com as táticas dos Republicanos — e ambos os partidos se incomodam com os do Partido da Reforma, Partido Verde e com os Independentes e Liberais!

E não nos esqueçamos das taxas dos impostos. Podemos pensar: "Certamente, se há um grupo de pessoas que sabe como tornar nossas vidas miseráveis, é o grupo dos fiscais de rendas!"

Mas o apóstolo Paulo diz que a nossa luta não é contra carne e sangue. Nossa batalha não é contra nossos oponentes políticos, fiscais de rendas, familiares; colegas de trabalho, vizinhos ou outra agência humana qualquer. A batalha não é contra pessoas, mas contra forças espirituais invisíveis. De fato, toda a raça humana está sob um ataque traiçoeiro de certos principados e potestades, de dominadores deste mundo tenebroso, das forças espirituais do mal, nas regiões celestes.

Paulo nos diz que "esse é o nosso problema". "A natureza do inimigo que enfrentamos — poderosos e invisíveis dominadores deste mundo tenebroso, forças espirituais do mal colocados nas regiões celestes!" E não são somente os cristãos que sofrem a oposição destas forças. Todo homem, mulher, ou criança, onde estiverem, são alvos do inimigo. O diabo tem cada um de nós em sua teia. A raça humana inteira é hostilizada pelos principados e potestades, pelos dominadores deste mundo tenebroso. Esta é a explicação de Paulo para a luta desta vida.

Porém, mesmo que o inimigo tenha declarado guerra contra toda a humanidade, somente os cristãos são capazes de crer e perceber a verdadeira natureza deste conflito. O mundo não entende as verdades espirituais, por isso distorce a verdadeira natureza da batalha ao ponto do ridículo ou rejeita a realidade espiritual como um "mito" inaceitável intelectualmente e inadmissível a qualquer mente inteligente. O ocultismo e a superstição distorceram a grande revelação da batalha espiritual — as potestades, os dominadores, autoridades e forças espirituais do mal nas regiões celestes — e os reduziram a um ridículo panteão de duendes, bruxas, fantasmas e diabretes de histórias em quadrinhos.

Eu estou bem ciente do desdém que muitas pessoas em nossa sociedade exibem com relação a qualquer discussão séria sobre o diabo e forças espirituais do mal. Eles dizem, "Você vai insultar nossa inteligência falando sobre um diabo que é um ser com individualidade? Este conceito é medieval, originado nas superstições mais ignorantes! Você está de fato sugerindo que o diabo é a raiz de todos os problemas do mundo de hoje?" Eu já encontrei esta atitude até dentro da igreja cristã.

Certa vez passei uma noite em Berlim discutindo estas questões com quatro ou cinco membros de igreja, que eram muito inteligentes — homens que conheciam a Bíblia intimamente de capa a capa. Embora não tenhamos aberto a Bíblia nenhuma vez, passamos a noite toda juntos, discutindo vários textos. Eu não me referi a uma única passagem que aqueles homens não conhecessem. Na realidade, eles podiam recitar estas passagens palavra por palavra. Porém, cada um deles rejeitava a ideia do diabo como uma pessoa. Ao final da noite, admitiram que tendo rejeitado a crença na existência do diabo, eles não tinham respostas para as questões mais complicadas da vida, como a óbvia prevalência do mal em nosso mundo. Nós tivemos que parar por ali.

Temos que nos perguntar, "Se não há diabo, então como explicamos todo o mal que há no mundo?" Quando olhamos na história as muitas tentativas para destruir a nação escolhida de Deus, Israel, incluindo o Holocausto há apenas meio século atrás, como podemos dizer que o diabo não existe? Como podemos dizer que uma força pessoal, intencional do mal não está deliberadamente tentando destruir o plano de Deus para o mundo? E quando observamos a perseguição sofrida pelas igrejas cristãs ao redor do globo, a agência escolhida por Deus para demonstrar Seu caráter e amor neste mundo de trevas, como podemos dizer que não há diabo?

O diabo é real, ele está ativo, e está trabalhando dia e noite, tentando subverter, desfazer e derrotar o plano de Deus na história humana. O diabo é o nosso inimigo.

E esta é uma guerra.

Uma doença avassaladora

Uma vez que vemos a realidade como Deus a vê, através das lentes da sua Palavra, a Bíblia, temos que aceitar como fato a proposição de Paulo em Efésios 6: Atrás dos problemas do mundo, atrás do mal que se manifesta na humanidade, há uma hierarquia de espíritos maus — o diabo e seus anjos. O mundo pergunta aos cristãos, "Por que falar de mitos da Bíblia — os demônios e anjos? Você quer saber o que é real? Ligue sua TV em noticiários ou compre um jornal — isso é realidade. Isso é relevante. Isso é significativo."

Não, isso é efêmero, isso tudo passa, isso é a ilusão da realidade. A *verdadeira* realidade, a verdadeira guerra que está acontecendo neste mundo, é tão invisível às pessoas deste mundo que nunca se fala dela no noticiário, e ela nunca faz manchetes — porém, na verdade são estes principados e potestades que dirigem os acontecimentos por trás das manchetes! As guerras, os genocídios, as perseguições, as fomes, o ódio, a inquietação racial — todos estes são sintomas externos de um câncer espiritual que está consumindo este mundo de dentro para fora.

E que bem faz continuar dando aspirina para um paciente febril quando isto é um sintoma de um câncer fatal? Não basta tratar os sintomas — nós temos que atacar a própria doença. É isto que Paulo nos mostra de forma vívida e precisa em Efésios 6.

Esta doença decrépita atingiu um estágio tão crítico e mortal que até mesmo os mundanos, os não-cristãos, estão reconhecendo a impropriedade de seu diagnóstico. Vejam o que Carl Jung, o grande psicólogo e médico suíço disse:

Nós ficamos perplexos e estupefatos diante do fenômeno do Marxismo e do Bolchevismo porque *não sabemos nada sobre o homem*, temos somente uma visão desequilibrada e distorcida dele. Se tivéssemos autoconhecimento, este não seria o caso. Ficamos face a face com a terrível pergunta do mal e nem sabemos o que está diante de nós. Como vamos nos opor a ele? E mesmo que soubéssemos nós ainda não conseguiríamos entender como isto acontece aqui.

Que tremenda admissão da ignorância humana diante da vida como ela realmente é! Preste atenção no lamento confuso de U Thant, quando ele foi Secretário Geral das Nações Unidas. Falando em favor do sonho da paz mundial diante de delegados internacionais, ele fez uma pergunta que humanamente é irrespondível — mas a qual Deus já respondeu em Sua Palavra:

> Que elemento está faltando, se com todas as nossas habilidades e conhecimentos ainda nos encontramos no vale escuro da discórdia e da inimizade? O que é que nos impede de ir adiante juntos e apreciar os frutos do empreendimento humano e fazer a colheita da experiência humana? Por que é que com todos os nossos professados ideais, esperanças e habilidades, a paz na terra é ainda um objetivo distante, visto obscuramente através das tempestades e confusões da vida presente?

Ao se debaterem com o dilema da vida moderna, tudo o que os grandes líderes do mundo podem dizer é, "O que está errado? Qual é o elemento desconhecido por trás disto? Não podemos explicar nem entender! Falta alguma coisa em nosso entendimento sobre a natureza humana e o comportamento humano. O que é?"

A resposta é que há uma batalha espiritual acontecendo por trás dos bastidores da história, e que a guerra espiritual está dirigindo os acontecimentos em nosso mundo visível. Não há paz no mundo material porque há uma tempestuosa guerra espiritual no mundo espiritual.

Não há nada mais significativo, mais relevante, mais real em que pudéssemos estar envolvidos do que na causa de Deus nesta vasta guerra espiritual. O ensinamento bíblico sobre a batalha espiritual traz um pouco de luz à questão do problema básico da existência humana e da história humana.

Do Gênesis ao Apocalipse

Enquanto a sociologia, a psicologia e as ciências políticas modernas permanecem frustradas e desnorteadas com a escuridão e maldade do mundo, o apóstolo Paulo nos faz compreender e esclarece através da Palavra de Deus: O mundo está sob o poder do que ele chama de "principados [...] dominadores [...] forças".

Estes dominadores e forças deste mundo tenebroso são liderados pelo diabo, a quem as Escrituras dizem ser um anjo caído de poder malévolo e de inteligência engenhosa. Os cristãos são chamados para lutar diariamente contra o diabo. Mas esta não é uma afirmação isolada de apenas uma passagem da Bíblia. Este é o ensinamento da Bíblia do princípio ao fim, do Gênesis ao Apocalipse, e especialmente, em Gênesis e Apocalipse.

O próprio Jesus coloca Seu dedo em cima de todo o problema quando Ele diz a certos homens de Seus dias, "Vós sois do diabo, que é vosso pai, e quereis satisfazer-lhe os desejos. Ele foi homicida desde o princípio e jamais se firmou na verdade, porque nele não há verdade. Quando ele profere mentira, fala do que lhe é próprio, porque é mentiroso e pai da mentira" (João 8:44).

Nessa análise absoluta e assustadora, o Senhor despe o diabo de seus disfarces e revela seu verdadeiro caráter — um mentiroso e um assassino. O que o diabo faz está relacionado com o que ele é, assim como o que nós fazemos é resultado de quem somos. Porque ele é mentiroso e assassino, seu trabalho é enganar e destruir. Aqui está a explicação para toda a miséria, ódio, assassinatos, guerras e outras coisas ruins que acontecem na história da humanidade.

O diabo domina os ouvidos da humanidade. As Escrituras o chamam de "príncipe deste mundo". O mundo escuta tudo o que ele diz, mas o diabo não diz a verdade ao mundo. Ele é mestre em psicologia e entende que as pessoas preferem crer numa mentira atraente, prazerosa do que na verdade nua e crua. É por isso que tantas pessoas correm para sua própria destruição, ignorando todas as evidências ao seu redor. Eles ficam babando de desejo diante das mentiras do diabo e rejeitam a clara verdade de Deus, que produz mudança de vida.

Tarde demais, as pessoas que seguem as mentiras de Satanás, descobrem que no final a mentira leva à destruição e morte — seja uma morte de vergonha, de remorso, de ódio contra si mesmas, de frustração, por falta de significado, vazio, ou seja, a morte física literal, ou a verdadeira morte espiritual na eternidade. As pessoas a quem o diabo não consegue enganar, tenta destruir, e a quem ele não consegue destruir, tenta enganar. Assim trabalha o diabo.

Convocação para lutar!

"Ai", diz você, "tudo isso é muito deprimente. Eu preferia não pensar nisso." Eu também não gosto de pensar no assunto, mas descobri que não posso desejar que a verdade desapareça. Só há uma abordagem realista a esta batalha, e é ficar forte no Senhor e na força do Seu poder. Esta é a maneira de escapar — não há outra.

Deus tem chamado com o toque do clarim a cada um de nós para um combate inteligente. Ele nos chama para sermos homens e mulheres de Deus, para combatermos o bom combate, para guardarmos a fé, para sermos fortes no Senhor em meio à batalha, à escuridão e à maldade deste mundo.

Aqueles que ignoram este chamado e a batalha que ruge ao seu redor estão destinados a serem vítimas. Não podemos permanecer neutros; temos que escolher um lado. Devemos nos alinhar com as forças do Senhor, as forças do bem. Temos que responder ao toque do clarim, temos que colocar a armadura e ficar firmes em nosso território — ou a batalha virá sobre nós e em nosso estado indefeso, desnorteado, as forças do mal nos espezinharão na poeira da batalha.

Por isso, precisamos reconhecer como os sistemas do diabo funcionam. Mais do que isso, devemos aprender os processos para vencer os seus sistemas — não pela carne e pelo sangue, não por nos associarmos a comissões, não por ações políticas, nem com cassetetes ou armas de fogo como se atacássemos um inimigo humano. Não! Paulo diz que as armas de nossa guerra não são de carne e sangue, não são armas físicas, nem políticas.

Mas são armas de poder em Deus, que derrubam as fortalezas e trazem cativos todos os pensamentos à obediência de Cristo. Este é o caminho da vitória! "Porque, embora andando na carne, não militamos segundo a carne. Porque as armas da nossa milícia não são carnais, e sim poderosas em Deus, para destruir fortalezas, anulando nós, sofismas e toda altivez que se levante contra o conhecimento de Deus, e levando cativo todo pensamento à obediência de Cristo" (2 Coríntios 10:3-5).

Você não acha que isto é desafiador? Este é o maior desafio que poderíamos receber! Você não acha que esta causa é muito exigente? Ela exige mais coragem e sacrifício do que outra causa qualquer da história do mundo! Você não acha emocionante? Este chamado é o mais emocionante que homens e mulheres já receberam por todo o mundo!

"Seja forte no Senhor e na força do seu poder!"

Oração

Pai gracioso, obrigado pela verdade que me surpreende, me estimula e me perturba. Obrigado, Senhor, por Tua Palavra de realidade que fala comigo no meio da minha complacência e ilusão. Como seria fácil me perder na ignorância fútil, nunca levantar um dedo contra a deterioração da vida e da destruição do corpo e da alma, se não fosse por esta palavra de desafio que me chama de volta e faz ver a vida como ela realmente é. Senhor, ensina-me a prostrar-me em humildade ante a Tua Palavra e dizer ao Espírito Santo, "Ó grande mestre, abra estas Escrituras e torne-as real para mim hoje." Em nome de Cristo, amém.

CAPÍTULO 2

Começando a
BATALHA

Quando o valente, bem armado, guarda a sua própria casa, ficam em segurança todos os seus bens. Sobrevindo, porém, um mais valente do que ele, vence-o, tira-lhe a armadura em que confiava e lhe divide os despojos. Quem não é por mim é contra mim; e quem comigo não ajunta, espalha (Lucas 11:21-23).

Robert the Bruce foi rei da Escócia de 1306 a 1329. No princípio do seu reinado, o Rei Eduardo I da Inglaterra invadiu sua nação, derrotou seu exército e o forçou a se esconder. Enquanto fugia, Robert the Bruce refugiou-se numa caverna.

Completamente desalentado, o rei escocês deitou-se à beira do fogo na caverna pronto para resignar-se à completa derrota e perda de seu reino. Mas então, através da luz bruxuleante do fogo, ele notou uma aranha tecendo uma teia na parede da caverna. A aranha tentou várias vezes prender a teia, mas falhou. Finalmente, a aranha conseguiu ancorar sua teia, deixando-a forte e segura.

Na persistência da aranha, o rei escocês viu a metáfora de sua própria luta contra o invasor inglês. Ele decidiu que não se permitiria deixar derrotar por falhas passadas — continuaria lutando pela liberdade escocesa. Robert the Bruce deixou a caverna, liderou suas tropas pelo campo de batalha e derrotou os invasores ingleses na Batalha de Bannockburn, em 1314. Ele continuou a perseverar pelos 14 anos que se seguiram até que finalmente conseguiu a independência da Escócia em 1328.

Nenhuma batalha jamais foi vencida sem coragem, perseverança e força. E este é o desafio que está diante de nós, proferido claramente em Efésios 6. Paulo convoca-nos a sermos fortes no Senhor. Ele nos chama para entender a natureza do nosso inimigo, aqueles espíritos maus nos lugares celestiais, que estão por trás do problema insolúvel da maldade humana. Ele nos chama a colocar nossa armadura e juntarmo-nos à batalha.

O apóstolo Paulo indica que somente aqueles que sucedem contra as forças do diabo são os cristãos. Ele escreve, "Porque a nossa luta não é contra sangue e carne…". O pronome "nossa" nesta afirmação não se refere a "nós", a raça humana em geral, mas a "nós" cristãos, seguidores de Jesus Cristo. Enquanto o mundo inteiro é oprimido pelos poderes do mal, só os cristãos *lutam* contra estes poderes. Este é um ensino consistente através de toda a Bíblia. Ela diz que todos os seres humanos são *vítimas* daquelas forças invisíveis, mas somente os cristãos podem ser *vitoriosos* sobre elas.

Nenhuma ameaça de dentro

O próprio Jesus deixou isto muito claro. Há uma história em Lucas que fala da reação de nosso Senhor ao desafio que lhe foi apresentado quando Ele estava expulsando demônios. Seu ministério de libertação de demônios era continuamente questionado por aqueles que abordavam as Escrituras intelectualmente. Eles não gostavam de expulsar demônios e tentavam explicá-lo de várias maneiras. Alguns diziam que Sua capacidade para expulsar demônios vinha de um relacionamento com Belzebu, o príncipe dos demônios — outro nome para Satanás. Eles diziam que era pelo poder de Satanás que Ele expulsava demônios.

O nome Belzebu significa "Senhor do lixo". Os judeus criam que o inferno era um depósito de lixo cósmico, e no sentido real eles estavam certos, pois o inferno é exatamente isso — um lixão de vidas desperdiçadas. E como uma pilha de lixo sempre atrai moscas; eles chamavam Belzebu de "senhor das moscas". Estas pessoas estavam acusando Jesus de expulsar demônios pela autoridade de Belzebu, o senhor das moscas.

Mas Jesus de fato disse, "Não, vocês estão totalmente errados. O que vocês estão dizendo nem é lógico. Se fosse verdade, então obviamente o reino de Satanás seria dividido contra si mesmo, e Satanás ficaria contra os demônios que estão sob sua autoridade. O que não faz nenhum sentido!" Jesus diz muito claro que Satanás nunca luta contra si mesmo. Ele é muito esperto, muito dissimulado e astuto demais para dividir suas forças desta maneira. Satanás sabe que se dividisse seu próprio reino, ele não subsistiria.

Portanto, Jesus está sugerindo que qualquer um que estiver sob o controle de Satanás não tem esperança de libertação, a não ser que uma força de fora intervenha. Veja o que ele diz: "Quando o valente, bem armado, guarda a sua própria casa, ficam em segurança todos os seus bens" (Lucas 11:21). Mas quem é este "valente"? É Satanás. O que é esta "casa"? É o mundo. Quem são os "bens"? A raça humana. Em Lucas 11:21-23, que apresenta a figura deste valente, três princípios emergem:

1. A humanidade sozinha contra Satanás é impotente e sem esperança. Esta é a posição imutável das Escrituras. João diz, "Sabemos que somos de Deus e que o mundo inteiro jaz no Maligno" (1 João 5:19).

A Bíblia nos diz que o mundo caiu sob o controle de Satanás. O que a Bíblia quer dizer com "o mundo"? Não é o mundo das árvores e montanhas, lagos e mares — esse é o mundo de Deus. Não, a Bíblia fala do mundo da sociedade humana organizada, que caiu sob o domínio de Satanás. Nós, como seres deste mundo, vivemos neste mundo decaído sob o controle do diabo, e não há possibilidade de escapar a não ser por uma intervenção externa. Pois como Jesus diz:

"Quando o valente, bem armado, guarda a sua própria casa, ficam em segurança todos os seus bens" (Lucas 11:21). Nada de interior pode ameaçar o controle de Satanás.

É aqui que nosso Senhor "coloca Seu dedo" no motivo do contínuo fracasso do método normalmente usado pelos homens e mulheres para corrigir maldades e erros. Os métodos humanos de transformação fracassam porque eles não tocam na essência do problema. Todos os nossos esforços para corrigir o mal que vemos na vida são simplesmente rearranjos das dificuldades. Conseguimos apenas movimentá-las um pouco até que elas tomem uma forma diferente. Nossos métodos nunca podem resolver o problema essencial do mal porque eles não lutam corpo a corpo contra o poder de Satanás. Nós não podemos ameaçar Satanás de dentro do seu domínio. Somente um agente forte, de fora pode ameaçar a força opressora do diabo em nosso mundo e em nossas vidas.

Como C. S. Lewis tão aptamente colocou, "ovos ruins não fazem bons omeletes". E quando o ciclo de problemas gira e se repete novamente, dizemos, "A história se repete".

Quais são os métodos geralmente usados para reformas? Você pode fazer uma lista deles facilmente. Quase invariavelmente eles são legislação, educação, e a melhoria no ambiente. Cada problema que enfrentamos é normalmente abordado usando uma destas reformas, se não as três combinadas. Legislação é lei — a tentativa de controlar o comportamento externo do homem. A lei sozinha não pode fazer nada para alterar o homem interior. Ela não muda a natureza básica do homem, mas simplesmente o restringe sob certas condições.

A educação é um dos piores remédios para uma personalidade desordenada ou uma mente deformada. As Escrituras nos dizem que todos nascemos neste mundo com mentes deformadas. (Umas mais deformadas que outras, e é por isso que a maioria de nós se considera "normal", enquanto considera o outro "deformado"!) Ao educar uma mente deformada, tornamo-la ainda mais esperta, mais sutil e mais perigosa na maldade. Um criminoso educado é mais perigoso do que o ignorante. Uma mente educada pode ter um fino verniz de erudição e sofisticação escondendo sua personalidade corrupta, mas a corrupção, todavia permanece. A educação não muda nem o cerne nem o caráter de um homem ou de uma mulher — ela apenas os torna mais espertos e potencialmente mais destrutivos.

Um ambiente melhor também não muda a pessoa. Quando você tira um homem da favela, por exemplo, e o coloca num ambiente agradável, bonito, você nada faz ao homem propriamente dito. Num instante ele fará deste novo ambiente uma favela. Então, tirar um homem da favela, não necessariamente tira a favela de dentro dele.

Isto não quer dizer que estas reformas não tenham valor. Nós temos que ter leis para que haja ordem na sociedade. Temos que ter educação para uma sociedade alfabetizada e eficiente. Devemos melhorar as condições de vida de todos os homens e mulheres, para que haja uma sociedade justa, compassiva e decente. Mas não cometamos o erro de pensar que estas reformas nos levarão à Utopia, uma nova sociedade resplandecente de amor e fraternidade. Nenhuma destas reformas pode produzir a Utopia porque elas não têm poder para mudar a natureza humana e o homem interior. Nenhuma delas pode se contrapor às forças invisíveis que guerreiam contra nós.

É por isso que tantos, de nossos melhores e mais brilhantes pensadores, chegam ao desespero depois de uma vida inteira tentando mudar a humanidade através da legislação, da educação e da reforma social. Eles invariavelmente terminam num poço de pessimismo e desespero. Ouçam as palavras de Bertrand Russell, o sumossacerdote do culto aos reformadores sociais e aos livre-pensadores:

> A vida do homem é uma longa marcha pela noite, cercado de inimigos invisíveis, torturado pelo cansaço e dor, para atingir um alvo que espera alcançar e onde ninguém pode se atrasar. Um a um vamos marchando e nossos companheiros vão desaparecendo do seu lado, tomados, com ordens silenciosas, pela onipotente morte. A vida do homem é breve e impotente. Sobre ele e toda a sua raça, o destino lento e certo cai escuro e impiedoso. Cego para o bem e o mal, temerário de destruição, matéria onipotente evolve no seu jeito implacável de ser. Para o homem, hoje condenado a perder seus queridos, amanhã ele mesmo passa pelas portas da escuridão, resta somente nutrir, antes que a desgraça venha, os pensamentos sublimes que enobrecem seus poucos dias.

Aquelas palavras eloquentes, mas frias, classificam o desespero absoluto no qual cai a humanidade sem Deus. Hoje, há uma crescente sensação de desespero em qualquer lado para o qual você se volte. Este desespero é a compreensão inconsciente do desamparo do homem sob o domínio de Satanás.

Agora, veja as palavras do Senhor em Lucas 11:22: "Sobrevindo, porém, um mais valente do que ele, vence-o, tira-lhe a armadura em que confiava e lhe divide os despojos." Quem é este "mais valente"? É Jesus. Ele está falando de si mesmo, ao dizer: "Quando o valente, bem armado, guarda a sua própria casa, ficam em segurança todos os seus bens" (Lucas 11:21). Mas, quando vem Aquele que é mais forte, Ele quebra o poder de Satanás.

O próximo princípio do Senhor revelado nesta passagem é:

2. Somente as "boas-novas" do evangelho de Jesus Cristo, podem quebrar o controle das "más notícias" do diabo. Nós cantamos esta verdade no hino, "Mil Línguas Quisera Ter" (HCC 72):

> *Teu santo nome, ó Redentor,*
> *O meu temor desfaz*
> *E traz a mim, um pecador,*
> *Consolo, vida e paz.*

Nascemos neste mundo sob o controle da mente satânica, porém, no mistério da cruz de Cristo e no poder da Sua ressurreição, na prática da fé, descobrimos que a força que nos arruína foi destruída e seu poder cancelado.

É por isso que o evangelho do cristão é tão exclusivo; é por isso que os cristãos são perfeitamente justificados pela Palavra de Deus quando dizem que não há outra resposta para os problemas do homem; que não há outro poder que possa tocar no problema básico da vida humana. Muitas pessoas dizem que há vários caminhos para Deus, que não importa no que ou em quem você creia, mas que basta ser "sincero". Mas Jesus é muito claro quanto a isto: só há um "mais valente", que veio ao mundo e é capaz de acabar com o poder do espírito das trevas, libertando-nos do poder e domínio do diabo. Ninguém pode vir a Deus Pai e libertar-se do domínio do diabo, exceto através de Jesus (João 14:6). Ele é o "mais valente". Não há outro!

A atriz Grace Lee Whitney pode testemunhar o fato do "mais valente", Jesus Cristo, ter vindo a sua vida para libertá-la dos poderes malignos que regem este mundo. Nos anos 50 e 60, ela apareceu em inúmeros filmes e programas de televisão, trabalhando com as maiores estrelas de Hollywood — Marilyn Monroe, Groucho Marx, Jack Lemmon, Robert Stack e muitos outros.

Então, em 1966 ela foi aproveitada para um papel na versão televisiva de *Star Trek* (Jornada nas Estrelas). Durante a primeira série, no entanto, depois de aparecer em apenas 13 episódios, sua personagem, Yeoman Janice Rand, foi cortada do programa. Uma sensação de fracasso e rejeição tomou conta dela, levando-a, numa espiral descendente, ao alcoolismo, uso de drogas e imoralidade. Ela chegou ao ponto de ir a bairros de vagabundos, beber nas esquinas direto da garrafa. Foi hospitalizada e ouviu dos médicos que o gim que bebia corroía seu esôfago e tinha quase destruído o seu fígado. Se ela não parasse de beber, morreria em poucas semanas. Grace Lee Whitney amedrontou-se — mas ela não sabia como parar de beber. O álcool a controlava.

Uma amiga a levou a um grupo de recuperação, onde ela foi apresentada a Deus. O grupo fez a oração do *Pai Nosso* e naquele exato momento aquela oração, que sempre lhe soara sem nexo, fez todo o sentido do mundo! Pela primeira vez ela realmente sentiu que Deus se importava com ela — e imediatamente parou de beber e usar drogas. Nas semanas seguintes, Deus a levou para uma viagem em Israel. Durante um passeio turístico fora de Jerusalém, ela aproximou-se de um portão onde se lia "Jardim do Getsemane". Em sua autobiografia, *The Longest Trek* (A Mais Longa Jornada), Grace Lee relembra o que aconteceu ali:

> Eu coloquei minhas mãos nas barras de ferro do portão e olhei através dele para dentro do Jardim. De repente, me senti fraca, como se fosse desmaiar. Tive que me agarrar às barras para permanecer em pé.
> Então eu vi Jesus.
> Ele estava além das barras, orando no jardim...
> Eu pensei, *Mas eu sou judia!*
> Como se Ele pudesse ler a minha mente, virou-se e olhou-me. "Eu também sou," disse.

Depois desta experiência, Grace Lee Whitney entregou seu coração e vida ao Senhor Jesus Cristo. O "mais valente" entrou em sua vida com um tremendo poder, libertando-a de seus vícios, da escravidão à imoralidade, de sua culpa e vergonha. Hoje, ela vai às convenções do "Jornada nas Estrelas", às prisões femininas e a programas de entrevistas na televisão, para contar a quem quiser ouvir sobre o Senhor e o que Ele fez em sua vida.

Grace Lee é somente uma entre milhares de pessoas que testemunham do poder de Jesus Cristo, o "mais valente". Ele é o único que tem poder para invadir os domínios do diabo e libertar pessoas — as "posses" do diabo — para que elas se tornem os apreciados e amados bens de Deus! Aqueles que têm este testemunho incluem não só alcoólicos, drogaditos e pessoas que viveram em ultrajante imoralidade, mas também gente cujos hábitos foram menos espetaculares mas, não menos pecaminosos, incluindo membros de igrejas com maus hábitos e atitudes como: ódio, luxúria, justiça própria e orgulho.

As correntes mais fortes não são aquelas que se podem colocar ao redor do corpo, mas as que se enrolam no coração e na mente. Os escritores da Bíblia deixam isto claro, Paulo nos diz, "o deus deste século cegou o entendimento dos incrédulos" (2 Coríntios 4:4). O grande documento sobre a liberdade humana, a carta de Paulo aos Romanos, começa com o mesmo pensamento básico — os seres humanos em seu estado sinistro, sob o domínio do diabo, têm se envolvido em todo o tipo de práticas malignas, não deixando outra escolha para Deus senão dar-lhes o que exigem: "Deus os entregou a uma disposição mental reprovável, para praticarem coisas inconvenientes" (Romanos 1:28). Paulo sugere que o grande ódio exibido contra Deus e Seu evangelho não vem dos incultos, mas dos instruídos, "Inculcando-se por sábios, tornaram-se loucos" (Romanos 1:22), e assim eles "mudaram a verdade de Deus em mentira" (Romanos 1:25).

Neste reino de escuridão espiritual e de resistência egoísta à vontade e bondade de Deus, Jesus Cristo veio para nos libertar. João diz que Jesus veio para o mundo para "destruir as obras do diabo (1 João 3:8). Não há outra explicação adequada para Sua vinda senão esta. Paulo diz que, "Ele nos libertou do império das trevas e nos transportou para o reino do Filho do seu amor" (Colossenses 1:13).

O próprio Paulo foi escolhido como apóstolo para os gentios e numa dramática experiência de conversão na estrada de Damasco, ele disse ao Senhor a quem ele viu em Sua glória, "Quem és tu, Senhor?" e depois de identificar-se, Jesus replicou, "Mas levanta-te e firma-te sobre teus pés, porque por isto te apareci, para te constituir ministro e testemunha, tanto das coisas em que me viste como daquelas pelas quais te aparecerei ainda, livrando-te do povo e dos gentios, para os quais eu te envio, para lhes abrires os olhos e os converteres das trevas para a luz e da potestade de Satanás para Deus" (Atos 26: 15-18).

Este é o principal propósito do evangelho. Se tentamos canalizá-lo primeiramente nas pequenas áreas da vida, tal como aplicá-lo aos interesses sociais, nós só revelamos o quanto estamos errados quanto ao seu propósito. O evangelho por fim vai encontrar seu caminho na condição social da humanidade, porque ele é penetrante. Uma vez que ele nos alcança, ele não nos abandona até nos transformar pouco a pouco.

Mas primeiramente o evangelho tem que produzir seu impacto sobre este problema básico da vida humana. A humanidade está enredada por um poder maligno e não temos esperança de nos livrarmos da escravidão deste poder, com nossas próprias forças. O único que pode nos livrar é Jesus Cristo. Ele já fez isto através do mistério da Sua cruz e do poder e glória de Sua ressurreição.

Quando uma pessoa confia em Cristo e se entrega a Ele, ela descobre que o evangelho se torna real e aplicável na sua própria experiência. A isto chamamos "conversão". Mas a conversão é só o início da batalha, logo o novo cristão se conscientiza das forças malignas que trabalham para destruí-lo. Se em sua nova vida ele não for além do que crer, que seus pecados estão perdoados, permanecerá preso a esses pecados, vivendo uma vida de frustração e conflito. Mas a batalha é travada no terreno onde fomos libertos do domínio das trevas — onde fomos resgatados do poder de Satanás e conduzidos ao reino de Deus.

Voltando à passagem de Lucas, nós vimos (1) que os seres humanos são impotentes contra o poder de Satanás e (2) que a libertação do poder de Satanás só está disponível através do evangelho, através da fé em Jesus Cristo, que destruiu o poder de Satanás. Agora chegamos ao terceiro princípio do Senhor revelado em Lucas 11:23: "Quem não é por mim é contra mim; e quem comigo não ajunta espalha." Aqui, Jesus nos revela Seu terceiro princípio:

3. Não há neutralidade na guerra espiritual. Ou você está com Cristo — ou contra Ele. Ele está dizendo que não é possível ficar neutro. Uma simples profissão de fé não é suficiente, é necessário um compromisso total. Sempre há aqueles que dizem, "Eu entendo alguma coisa do evangelho e concordo que há muito valor na fé cristã. Eu sou amigo do evangelho. Eu creio que o cristianismo exerce uma influência positiva na sociedade — mas eu não vou tão longe a ponto de 'receber Cristo' como meu Salvador pessoal. Eu não quero ser chamado de 'extremista' ou de 'fanático religioso'; eu prefiro ficar 'neutro'."

Jesus disse que esta posição é impossível, não há neutralidade. "Quem não é por mim, é contra mim." Alguém que não recebe libertação total ainda está cativo e sob o controle dos poderes das trevas de Satanás. Não há exceções!

Por isso Jesus é considerado a crise da história. Ele falou de Si mesmo desta forma — como o divisor da humanidade. Ao olhar os seres humanos, há somente dois grupos. Os que estão totalmente com Ele porque são dele — o receberam, o conhecem, o amam e partilham de Sua vida. E há aqueles que são contra Ele. "Quem não é *por* mim, é *contra* mim".

Por outro lado, alguns são tentados a dizer, "Olha, se este for o caso, então eu quero ser cristão, mas nada sei quanto a este controle interior. Quero seguir as manifestações externas do cristianismo — quero fazer parte de uma igreja — mas interiormente, ainda creio que devo dirigir a minha vida e meus negócios." Jesus disse que você não pode fazer isto. "Aquele que não ajunta, espalha."

Deixe-me contar uma história triste. O Lord Kenneth Clark (1903–1983) foi um renomado e mundialmente conhecido historiador da arte e foi apresentador da série *Civilisations* (Civilizações) na rede de televisão BBC-PBS. Ele viveu sua vida como um agnóstico. E tanto quanto se possa saber, ele morreu sem a fé em Jesus Cristo. Em sua autobiografia, ele conta sobre sua visita a uma catedral maravilhosa na Europa, onde ele teve uma experiência religiosa que descreveu como profunda e de tirar o fôlego. "Todo o meu ser", relata ele, "foi inundado por um tipo de alegria celestial, mais intensa do que qualquer coisa que eu já tinha experimentado antes."

Porém imediatamente depois desta experiência, Clark recuou na fé em Cristo. Ele entendeu que para tornar-se um cristão, sua vida inteira teria que mudar. Ele gostava da vida que tinha como agnóstico e não queria submeter-se ao senhorio de Cristo. Além disso, sua família e todos os seus amigos eram tão sem religião quanto ele; pensariam que ele tinha ficado louco. Ele não queria parecer ridículo diante deles, então, rejeitou Deus e virou as costas àquele breve lampejo da alegria cristã. "Estou por demais envolvido neste mundo para mudar de curso", refletiu ele.

Que trágico epitáfio para uma alma humana! E quantas pessoas ao nosso redor poderiam dizer as mesmas palavras: "Eu me recuso a mudar — estou por demais encravado no mundo." Aqui estava um homem de grande reputação mundial — porém, ele escolheu desperdiçar sua vida mortal e sua alma eterna perseguindo coisas que nunca durariam, nem satisfariam. E se, ao invés de ter escolhido ser aceito por seus familiares e amigos sem Deus, ele tivesse escolhido ser uma influência para Cristo na vida deles? E se, ao invés de desperdiçar e desprezar o presente da vida de Deus, escolhesse trazer sua família e amigos ao reino de Deus?

Há uma coisa que revela se realmente você é contra ou a favor de Jesus: a influência dele em sua vida. Jesus Cristo veio ao mundo para reunir os filhos adotivos de Deus. Ele é o elemento de união, quebrando barreiras, unindo corações, reunindo famílias, ajudando pessoas a viver em harmonia, quebrando o preconceito racial, curando feridas, unindo nações, atraindo homens, mulheres e crianças para Si.

Vencedor ou vítima

A grande questão da sua e da minha vida é: "Qual é o caráter essencial da sua vida? É egoísta — ou altruísta? Você é por

Cristo ou contra Cristo? Você está se juntando a Ele num ministério saudável de cura — ou você provoca divisão em sua família, em sua igreja ou em sua vizinhança? Você separa ou une as pessoas?"

Você diz que é cristão, que ótimo! Seus filhos se aproximaram mais da fé em Cristo por causa do seu exemplo? Ou se afastaram pelo exemplo que lhes deu? Seu cônjuge e filhos veem Cristo vivendo em você — ou eles só veem *você*, suas exigências, seu mau humor, mesquinhez e egoísmo? Cada um de nós deve responder a estas perguntas cruciais.

Nosso Senhor toca bem no cerne da vida. Nossas vidas estão diante dele completamente expostas e no final somos julgados com base em nosso relacionamento com Ele. A evidência desse relacionamento é a influência que exercemos em nossa família, igreja, vizinhos, colegas de trabalho e onde quer que estejamos envolvidos na vida de outras pessoas.

A questão que eu e você precisamos responder a nós mesmos é: "Sou um vencedor ou vítima?" Com nossas próprias forças somos incapazes de escapar do domínio do diabo. Não somos livres, não somos capazes de tomar nossas próprias decisões, exceto numa área limitada e esta liberdade ilusória nos faz imaginar que somos indivíduos livres, não reprimidos. A Bíblia nos diz que sem Cristo nós estamos sob a influência de uma potente força maligna que influencia nossos pensamentos e reações. A única maneira de escapar é através daquele que veio destruir as obras do maligno.

Se você não conhece esta libertação, você poderá conhecê-la agora. Talvez ao ler tudo isto, você esteja dizendo, "Se tudo isto é verdade, então eu ainda não sou cristão. Eu ainda estou sob o poder de Satanás." Nesse caso, a mensagem do evangelho para você é esta: em apenas um momento, você pode passar da morte para a vida. Em um momento você pode fazer um compromisso de confiar somente em Cristo e na Sua obra, não em seus próprios esforços para ser "bom o suficiente"; você pode dizer, "Senhor, aqui estou eu, salve-me." No momento em que você fizer esta oração, você passará da morte para a vida. Isto é conversão! Com aquelas palavras você abrirá a porta que permite a entrada do Senhor Jesus em sua vida para realizar Sua obra salvadora.

Oração
Pai, que aqueles que estavam buscando por respostas passem agora do poder de Satanás para o reino de Deus. Que eles possam ser libertos. E eu, Senhor, que já experimentei a realidade da libertação deste poder em minha vida, peço-te que nunca esqueças que fui liberto por Jesus, que continuamente me lembres o que Ele fez por mim e que eu não poderia ter feito sozinho. Possa o meu coração estar cheio de amor por Ele, que me amou e se entregou por mim.

Em nome de Jesus, aquele que me libertou, amém.

CAPÍTULO 3

A ESTRATÉGIA DE SATANÁS

Ele vos deu vida, estando vós mortos nos vossos delitos e pecados, nos quais andastes outrora, segundo o curso deste mundo, segundo o príncipe da potestade do ar, do espírito que agora atua nos filhos da desobediência (Efésios 2:1-2).

Revesti-vos de toda a armadura de Deus, para poderdes ficar firmes contra as ciladas do diabo (Efésios 6:11).

Uma das mais assombrosas vitórias nos anais das guerras aconteceu em 1991, com a derrota do homem forte do Iraque, Saddam Hussein, e a libertação do Kuait durante a Guerra do Golfo. Os historiadores militares nos contam que uma das razões mais importantes porque a guerra foi vencida de forma tão decisiva (as perdas dos aliados foram 149, enquanto que o Iraque perdeu 100.000 ou mais) e rápida (em apenas 100 horas), foi porque as forças aliadas tinham um entendimento claro e profundo da estratégia militar de Saddam Hussein. Assim, eles foram capazes de frustrá-lo em cada embate.

Quando os comandantes militares da coalizão aliada souberam que Saddam planejava simplesmente repetir a estratégia usada contra o Irã entre 1980-88, sabiam exatamente como derrotá-lo. Os generais aliados liderados pelo General Norman Scharzkopf, conceberam a estratégia do cerco ao inimigo. Embora as forças militares de Saddam fossem duas vezes maior em número que a dos aliados e estivessem bem encravados em suas fortificações no deserto, os aliados usaram uma combinação de posicionamento superior, poder de fogo e tecnologia superiores, velocidade e informações enganosas para derrotar o Iraque.

Enquanto os fuzileiros navais americanos evidentemente praticavam uma invasão pelo mar junto à costa do Kuait, atraindo a atenção de Saddam na direção errada, a principal força de coalizão fez uma invasão em massa pelo deserto. Conhecendo a exata localização dos tanques e da artilharia de Saddam, a coalizão abateu esses locais com todo seu arsenal, de bombas a helicópteros. Sabendo que as forças de Saddam estavam encravadas atrás de bermas arenosas e outros entrincheiramentos, as tropas aliadas praticaram a coação e o bombardeamento em barricadas similares no deserto, até que podiam fazê-lo quase automáticamente.

Iniciada a guerra, as tropas iraquianas começaram a render-se, na esperança de que os aliados não soubessem onde colocá-los. Houve um caso, em que veículos iraquianos armados encontraram um solitário soldado americano, cujo veículo estava preso na areia. O soldado esperava ser morto ou capturado — mas ao invés disto, os iraquianos se renderam a ele e o ajudaram a liberar seu veículo!

A história de uma guerra de 100 horas no Golfo Pérsico é um metáfora adequada para descrever nossa guerra espiritual contra Satanás. Embora o diabo queira nos fazer crer que ele é invencível, sua causa já foi derrotada na cruz de Cristo. Se entendermos sua estratégia, a vitória será nossa. No final, teremos a honra de ficar ao lado do nosso comandante-chefe, o Senhor Jesus Cristo, e de ouvi-lo dizer que este tirano furioso, o diabo, não é páreo para as forças do céu.

Tanto na batalha espiritual quanto na humana, o segredo da vitória é *conhecer o inimigo* — e conhecer suas estratégias.

ARMADOS COM ÓDIO CRUEL

Como vimos no capítulo anterior, a Bíblia mostra claramente que, sem Jesus, todos os seres humanos, sem exceção, são vítimas impotentes do controle de Satanás. Sob o domínio de forças satânicas invisíveis, os seres humanos são oprimidos e infelizes, incapazes de escapar, seja por qualquer sabedoria ou poder deles próprios. Mas as boas-novas é que podemos ser libertos pela intervenção externa do próprio Jesus, que veio para "destruir as obras do diabo". Ele destruiu o poder e a escravidão que Satanás exerce sobre as vidas humanas. Quando nós o recebemos em nossas vidas, estamos livres para viver como filhos de Deus.

É importante entender o que esta libertação realmente significa. Não significa que estamos livres para viver vidas egoístas e tolerantes com nossos próprios desejos. Este é um conceito errado que não é ensinado em nenhum lugar da Bíblia.

Não, nós não fomos libertos para viver para nós mesmos. Fomos libertos para viver para o nosso Comandante, Jesus Cristo. Fomos libertos para podermos ingressar na batalha! Esse é o chamado para todos os cristãos. E entendam: quando Deus nos chama para a batalha, Ele não está usando uma simples metáfora. Esta guerra é real, o inimigo está determinado a destruir-nos, suas armas são mortais. Como soldados em uma guerra, corremos o risco de sermos feridos nas mãos do nosso inimigo. Para melhor nos defendermos contra este implacável adversário, precisamos entender a maneira como ele age.

O primeiro passo para um soldado em treinamento é conhecer a estratégia do inimigo e as armas que serão usadas contra ele. O diabo é um estrategista astuto e matreiro, e foi por isso que Martin Luther King escreveu estas tocantes palavras:

> *Pois ainda o inimigo, nosso velho conhecido*
> *Procura nosso infortúnio —*
> *Sua astúcia e poder são grandes,*
> *E armado com um tremendo ódio,*
> *Que no mundo não há igual.*

Os relatos das Escrituras confirmam esta verdade. Leia o Antigo Testamento e verá que todo santo, todo profeta, todo patriarca, cada um dos grandes e gloriosos reis de Israel foram derrotados uma vez ou outra pelo diabo. Os mais sábios e importantes dos homens são impotentes ao tentar livrar-se do diabo por si mesmos. Porém, como já vimos, a Bíblia deixa claro que nós podemos andar em vitória. Deus não quer que falhemos; por isso Ele tornou a vitória possível em nossas vidas.

Tiago diz, "resisti ao diabo, e ele fugirá de vós" (Tiago 4:7). Pense nisso! Este estrategista inteligente e astuto, que tem mantido o mundo derrotado por séculos, aquele a quem nenhum homem é capaz de manobrar, fugirá de você quando você aprender a não ignorar suas armadilhas e estratégias.

Agora, a pergunta que devemos nos fazer é, "Qual é a estratégia do diabo? Como ele planeja nos derrotar? Como ele mantém o mundo sob tal escravidão? E quais são as maneiras em particular que ele usa para neutralizar minha eficiência por Deus?" O único na história que sempre derrotou o diabo, não só na Sua vida, mas também em Sua morte, foi o Senhor Jesus Cristo. Ele colocou Seu dedo exatamente em cima das estratégias e táticas de Satanás quando Ele disse que o diabo, "foi homicida desde o princípio e jamais se firmou na verdade, porque nele não há verdade. Quando ele profere mentira, fala do que lhe é próprio, porque é mentiroso e pai da mentira" (João 8:44). A estratégia do diabo é matar, a tática pela qual ele a atinge é a mentira.

Como o diabo planeja opor-se ao trabalho de Deus no mundo? Matando e destruindo. Um dos nomes dados ao diabo no livro de Apocalipse é Apolion, que quer dizer "destruidor". Mas o que é destruir? É criar o caos, devastar, arruinar, criar desolação. Aqui você tem a explicação para a história trágica da humanidade: o destruidor está trabalhando entre os seres humanos.

Nosso Deus é um Deus de beleza, harmonia, ordem, perfeição, amor, luz e graça. Há evidências suficientes no mundo natural, incluindo o nosso próprio ser e no mundo das ideias da maravilhosa simetria, beleza e perfeição de Deus. O Senhor é um Deus de harmonia e ordem. O mundo foi criado com tanta ordem e perfeição — até os seres humanos foram uma vez perfeitos e bem ordenados.

Mas, então, o Destruidor entrou em cena. O seu prazer é destroçar, esmagar, torcer, mutilar, desfigurar, obscurecer e explodir de todas as maneiras possíveis. Não faz qualquer diferença se é corpo ou alma, carne ou ideias, matéria ou espírito — o alvo do diabo é exatamente o mesmo em qualquer caso. Por isso, o diabo nunca poderá oferecer nada positivo ao ser humano. Ele não pode criar nada; ele nunca fez qualquer coisa e nunca fará. Tudo o que ele pode fazer é destruir o que Deus fez. Seu poder é totalmente destrutivo e negativo.

Quais as táticas que o diabo emprega? Ele destrói através do engano, da mentira, da distorção, da falsificação, do disfarce, embotando a mente humana com ilusões e fantasias. Paulo chama isto de "armadilhas do diabo", ou como algumas traduções colocam "ciladas do diabo". Dê uma olhada geral na Bíblia e veja quantas vezes ela se refere à obra do diabo desta maneira — laços e armadilhas do diabo, as mentiras e ilusões, os estratagemas e as ciladas. É por isso que devemos olhar atentamente para as táticas que o diabo usa contra nós — pois assim podemos nos fortalecer e nos preparar para a defesa quando ele vier tentar nos derrotar, enfraquecer e arruinar nossas vidas.

Ataques diretos e indiretos

A Bíblia deixa claro que as táticas do diabo caem em duas grandes categorias: ataques diretos e ataques indiretos. Ele é capaz de confrontar diretamente o ser humano, de maneira sutil e indireta. O diabo usa estes dois métodos para manter o controle mundial da raça humana. A Bíblia fala que há anjos caídos chamados "demônios", a quem Paulo se refere quando ele escreve, "porque a nossa luta não é contra o sangue e a carne, e sim contra os principados e potestades, contra os dominadores deste mundo tenebroso, contra as forças espirituais do mal, nas regiões celestes" (Efésios 6:12).

É crucial entender que a expressão "nas regiões celestes", não se refere ao céu, lugar da eterna glória de Deus, o lar final de todo o cristão. Neste contexto, "nas regiões celestes" refere-se ao reino espiritual ou mais literalmente, "o reino das coisas invisíveis", as realidades invisíveis da vida. O diabo e suas hostes não são visíveis, mas são bem reais! A atividade do diabo acontece no reino das realidades invisíveis da vida, nos lugares celestiais, onde Deus trabalha.

A Bíblia diz muito pouco sobre a origem do diabo e seus anjos, mas há escritos suficientes para sugerir que o diabo foi um ser criado originalmente como um anjo poderoso, forte e belo. Há uma breve referência à queda deste grande anjo, cujo nome era Lúcifer e que se insuflou de orgulho. O orgulho é a marca do diabo. Tomado pelo orgulho, ele escolheu rivalizar a Deus e fazendo isto, ele caiu de sua posição de honra e beleza e se tornou o diabo. Os profetas do Antigo Testamento relatam a queda de Satanás com estas palavras:

Como caíste do céu, ó estrela da manhã, filho da alva! Como foste lançado por terra, tu que debilitavas as nações! Tu dizias no teu coração: Eu subirei ao céu; acima das estrelas de Deus exaltarei o meu trono e no monte da congregação me assentarei, nas extremidades do Norte; subirei acima das mais altas nuvens e serei semelhante ao Altíssimo. Contudo, serás precipitado para o reino dos mortos, no mais profundo do abismo (Isaías 14:12-15).

E no Novo Testamento há uma cena na qual Jesus envia 72 discípulos para exercer a Sua autoridade e depois o Seu ministério. Eles retornam com um relato triunfante: "Senhor, os próprios demônios se nos submetem pelo teu nome" (Lucas 10:17)! E Jesus responde que isto era esperado, por causa de quem Ele é — o Eterno que estava na criação, e que testemunhou toda a história, incluindo a queda de Satanás. "Eu via Satanás caindo do céu como um relâmpago", disse-lhes Jesus (Lucas 10:18).

Em sua queda Satanás arrastou com ele um terço dos anjos e aqueles anjos se constituíram nos principados e potestades, o organizado reino da escuridão, opondo-se ao reino de Deus. É através destas hostes de espíritos maus que Satanás faz investidas diretas contra a vida humana.

Estas investidas diretas incluem o que a Bíblia chama de "possessão demoníaca", o controle absoluto de uma personalidade humana pelo poder de um espírito maligno. Também incluem atividades como: profecias, ocultismo, espiritismo (ou espiritualismo) e as magias negras relacionadas como a astrologia, horóscopo, vodu, leitura da sorte, feitiçaria, macumba, consulta aos mortos, incorporação de espíritos, paganismo e afins.

Aqui cabe uma palavra de alerta. Não há dúvida de que existe uma grande quantidade de fraudes e enganos em todo o campo da magia negra, incorporação de espíritos e previsão do futuro; há charlatões que ganham a vida explorando os temores supersticiosos das pessoas, e eles usam truques e enganos para fazer as pessoas crerem que eles genuinamente estão em contato com espíritos e poderes ocultos. É muito difícil dizer a diferença entre o que é genuíno e falso neste campo. Grande ceticismo, cuidado e clareza de mente devem ser usados por qualquer um que tente investigar o reino das trevas. Enquanto há muita fumaça e espelhos no domínio do oculto, a Bíblia diz que há um fogo considerável também. Apesar da existência da fraude, há verdade — uma perigosa verdade — atrás da operação da magia negra e da feitiçaria.

A Bíblia consistentemente nos adverte a "não mexer" com estas coisas. Aqui estão alguns exemplos de ensinamentos bíblicos sobre esta questão:

> Não vos voltareis para os necromantes, nem para os adivinhos; não os procureis para serdes contaminados por eles. Eu sou o Senhor, vosso Deus (Levítico 19:31).

> Quando alguém se virar para os necromantes e feiticeiros, para se prostituir com eles, eu me voltarei contra ele e o eliminarei do meio do seu povo (Levítico 20:6).

> Quando vos disserem: Consultai os necromantes e os adivinhos, que chilreiam e murmuram, acaso, não consultará o povo ao seu Deus? A favor dos vivos se consultarão os mortos? (Isaías 8:19).

Na Lei do Antigo Testamento, o povo de Israel foi terminantemente proibido de ter qualquer tipo de relacionamento com magos que falavam em magia e em encantamento, que tentavam contatar os mortos, ou mexer com as coisas do mundo oculto. Esta proibição aconteceu porque qualquer investigação neste reino abre portas para os poderes além do entendimento humano e torna possível ao poder demoníaco subjugar a vontade da pessoa que a faz. Este terreno é muito perigoso! De fato, frequente e progressivamente ela abre o caminho para a possessão demoníaca.

O ATAQUE DIRETO DO DIABO: POSSESSÃO DEMONÍACA

Muitas pessoas não creem que possessão demoníaca exista. "É claro que você não crê numa coisa sem sentido como essa", elas dizem. "Nestes dias de tanta educação e sofisticação, você não está realmente sugerindo que existam tais coisas como demônios! Afinal, a Bíblia foi escrita na antiguidade para gente primitiva e ingênua. Nós somos muito mais bem informados hoje. O que se chamava antes de possessão demoníaca, hoje se sabe que é uma doença mental, que pode ser tratada com medicamentos e outras terapias." A Bíblia responde a este tipo de pensamento com três princípios:

1. A Bíblia não é um livro de superstições primitivas; ao contrário, a Bíblia diferencia de modo claro a possessão da doença mental. Os escritores da Bíblia estavam por certo, conscientes desta distinção. Um deles, Lucas (que era médico), estava com certeza familiarizado com a distinção entre doença física, doença mental e possessão demoníaca (veja Lucas 4:40-41). Em Mateus também, uma distinção clara é feita entre aqueles que eram afligidos por doenças, os possuídos por demônios e os doentes mentais (Veja Mateus 4:24).

2. Os casos bíblicos de possessão demoníaca não se encaixam em qualquer quadro clínico de doença mental. Há doenças do corpo, há doenças da mente — e então, bem distintamente, há possessão demoníaca. As doenças da mente como as do corpo, apresentam um quadro clínico e sintomas que podem ser facilmente reconhecidos. Mas quando você examina cuidadosamente os relatos bíblicos de possessão demoníaca, você constata que estes não se enquadram em qualquer padrão comum de doenças mentais. Doença mental e possessão demoníaca são diferentes.

Em contraste com a doença mental, os casos bíblicos de possessões demoníacas sempre contêm um elemento de aviltamento — a presença da impureza e da corrupção moral.

Também nos relatos bíblicos de possessão demoníaca nós vemos que o diabo reconhece imediatamente o caráter e a identidade do Senhor Jesus Cristo. Quando Cristo libertava as pessoas dos demônios, os demônios com frequência gritavam e diziam (como por exemplo, em Lucas 4:34) —" Ah! Que temos nós contigo Jesus Nazareno? Vieste para perder-nos? Bem sei quem és: o Santo de Deus!" Os demônios usam os títulos de Jesus, que as vítimas humanas de possessão não conhecem. Embora os demônios estejam em oposição a Deus, eles habitam o reino invisível e estão bem acostumados com as realidades espirituais; somente tais criaturas poderiam reconhecer instantaneamente a autoridade de Jesus Cristo.

Além do mais, há sempre a presença de uma personalidade totalmente distinta e diferente envolvida. Em alguns casos personalidades demoníacas múltiplas estão envolvidas, como no incidente onde Jesus pergunta o nome dos demônios e eles respondem, "O meu nome é Multidão, porque somos muitos" (Marcos 5:9).

Finalmente, vemos que Jesus é capaz de transferir demônios de indivíduos para animais — algo nunca observado nos casos de doenças mentais. Como você explicaria o caso dos suínos? Se a possessão demoníaca é simplesmente uma doença mental ou uma alucinação ou algum tipo de esquizofrenia, então como os demônios deixaram o homem, entraram na vara de porcos, levando-os a atirar-se no mar? Estes casos simplesmente não se encaixam em nenhum quadro clínico das doenças mentais conhecidas.

3. *O próprio Jesus descreveu aqueles casos como possessões demoníacas e assim os tratou.* Ao enviar Seus discípulos lhes deu autoridade para expulsar demônios. "Bem", alguns poderão argumentar, "nós temos uma explicação para isso. Jesus estava se conformando ao modo de pensar do povo de Seus dias. Eles criam em demônios e diabos, então, Ele simplesmente falou usando os mesmos termos". Mas é impossível tomar esta posição e ser consistente com o restante do relato do ministério de Cristo, pois o vemos constantemente corrigindo conceitos errados como esse. Em uma ocasião, Ele disse aos Seus discípulos com relação a outro assunto, "Se assim não fora, eu vo-lo teria dito" (João 14:2). Ele não veio para concordar com as superstições e conceitos errados de Seus ouvintes; ao contrário, Ele veio para revelar a verdade acerca do mundo como ele é.

Durante os séculos do cristianismo, houve vários surtos de possessão demoníaca descritos pelos missionários em vários lugares. É um fenômeno até bem comum em muitos lugares no mundo de hoje. Eu acho significativo que seja onde quer que o ensino cristão se espalhe, o ataque satânico por esses poderes malignos é mantido sob controle. Mesmo o ensino secular, quando é de moral elevada e baseado na Bíblia e nos valores cristãos, demonstra capacidade de manter estas manifestações sob controle.

Mas quando a educação se torna puramente secular e nega a Bíblia e Deus, então — mesmo que homens e mulheres rejeitem superstições e exibam certo grau de sofisticação sobre estas questões — tudo isto não é suficiente para manter estes poderes acuados. À medida que o nosso mundo vai ficando cada vez mais e mais ateu e secularizado, testemunharemos um aumento na onda de manifestações demoníacas em nossa cultura — isso é garantido. Não há poder no homem para conter estas forças ou fazer frente a elas, porque estas são manifestações do deus deste mundo.

Quando nós como cristãos, somos confrontados com o que suspeitamos ser possessão demoníaca, uma coisa que devemos fazer para ajudar a pessoa é orar. Estes casos de possessão demoníaca, Jesus disse, só se resolve com muita e persistente oração. Não há necessidade de entoar um mantra, espargir água benta ou conduzir rituais de exorcismo, como os filmes sensacionalistas de Hollywood mostram. A oração é a terapia recomendada em qualquer caso deste tipo. Vamos nos entregar à oração e a nada mais.

Para ter uma perspectiva equilibrada, antecipo-me em dizer que parece haver demasiada preocupação entre os cristãos com a questão de possessão demoníaca. Conheço certos cristãos que acham que devem "amarrar Satanás" antes de fazer qualquer coisa. Quando entram numa sala para uma reunião oram para amarrar os poderes das trevas. Conheço outros que atribuem a alguma manifestação satânica, qualquer problema da vida humana. O Novo Testamento não oferece nenhuma justificativa para este tipo de abordagem.

As cartas do Novo Testamento raramente mencionam ataques diretos contra seres humanos. Há uns poucos relatos desta sorte de ataque, mas depois que o nosso Senhor deixou fisicamente o mundo, parece que houve uma redução na evidência da atividade demoníaca. Como vemos nos quatro Evangelhos, os poderes das trevas sem dúvida eram atiçados por Sua presença na terra, mas eles parecem menos ativos ao nos movermos para o livro de Atos e para as cartas de Paulo e de outros apóstolos. Nas cartas de Paulo, ele fala mais dos ataques *indiretos* de Satanás, mas tem pouco a dizer sobre os ataques *diretos* das forças satânicas. Em nenhum lugar lemos que os cristãos têm que "amarrar" os poderes das trevas antes de entrar numa sala, nem que devemos imputar todos os problemas comuns da vida às atividades demoníacas. Essa ideia não é encontrada no Novo Testamento.

A maioria dos ataques do diabo contra os cristãos é indireta. É por isso que eles são chamados de "ciladas" do diabo. A palavra cilada sugere desvio — agindo de modo sutil, secreto e desleal. Precisamos examinar isto de forma mais completa, pois a maioria dos ataques do diabo e seus poderes contra a vida humana não é através de meios diretos, mas indiretos — pela influência diabólica nas situações naturais e comuns da vida.

O ATAQUE INDIRETO DO DIABO: SUBVERSÃO SATÂNICA

A Bíblia nos diz que a abordagem indireta do diabo acontece principalmente através de dois meios: "o mundo" e "a carne". Frequentemente ouvimos dizer que os inimigos dos cristãos são o mundo, a carne e o diabo, como se estes três fossem igualmente poderosos. Mas eles não são três; há somente um inimigo, o diabo, como Paulo diz em Efésios 6. E o nosso inimigo, o diabo, usa esses dois meios, o mundo e a carne para fazer seus ataques indiretos contra nós. Um pouco antes em Efésios 2, Paulo dirigiu estas palavras aos cristãos, incluindo eu e você:

> Ele vos deu vida, estando vós mortos nos vossos delitos e pecados, nos quais andastes outrora, segundo o curso deste mundo, segundo o príncipe da potestade do ar, do espírito que agora atua nos filhos da desobediência (Efésios 2:1-2).

Em outras palavras, Paulo está nos dizendo, "Vocês cristãos não esqueçam que já seguiram o curso deste mundo — vocês estavam sob as garras e o controle daquele que governa os poderes do ar, o espírito mau que continua a trabalhar nos não-cristãos ao vosso redor." Paulo segue falando-nos no verso seguinte:

> Entre os quais também todos nós andamos outrora, segundo as inclinações da nossa carne, fazendo a vontade da carne e dos pensamentos; e éramos, por natureza, filhos da ira, como também os demais (Efésios 2:3).

O mais básico destes dois canais é "a carne" — nossa natureza pecaminosa. Quando a Bíblia usa o termo "carne", o faz num sentido simbólico. Muitos de nós, quando nos aproximamos da meia-idade, temos problemas com excesso de carne. Mas não é nesse sentido que a Bíblia usa o termo. "A carne" neste contexto, não é o nosso corpo, não a carne, o sangue e os ossos da nossa vida física. É um termo que descreve a urgência de um viver egoísta dentro de nós, que distorce a natureza humana, que nos faz querer ser nosso próprio deus — o orgulhoso ego, o eu não crucificado que nos põe em desafio e rebelião intencionais contra a autoridade.

Todos nós nascemos com uma natureza pecaminosa. Nenhum de nós teve que ir para a escola para aprender a pecar e a ser egoísta. Quem nos ensinou a mentir? Quem nos ensinou a sermos orgulhosos, amargos e rebeldes, desafiadores e egoístas. Nunca tivemos aulas destas coisas. Já somos todos peritos em pecar quando ingressamos na escola. Todos nascemos "na carne" e é a presença desta natureza pecaminosa que nos torna pecadores.

Tiago chama esta sabedoria que não vem do alto, de "terrena, animal e *demoníaca*" (Tiago 3:15). É o diabo — atacando individualmente através do caráter essencialmente pecador do ser humano. Paulo diz em Romanos, "todos pecaram e carecem da glória de Deus" (Romanos 3:23).

"O mundo", por outro lado, é a expressão corporativa de todos os seres humanos orientados pela carne que compõem a raça humana. Já que a carne está em todo ser humano — agindo de uma maneira satânica, sensual e terrena — a expressão corporativa de tais seres constitui o mundo e determina sua filosofia. É esta tremenda pressão da maioria sobre a minoria para conformar-se, ajustar-se, manter o passo e ir na "onda" da multidão.

Quando a Bíblia fala aos cristãos, ela diz, "E não vos conformeis com este século" (Romanos 12:2). Em outras palavras, "não deixem que o mundo esprema vocês no seu molde". Por quê? Porque o mundo é egoísta, governado pela carne, e como Jesus disse a Nicodemos, "O que é nascido da carne é carne; e o que é nascido do Espírito é espírito" (João 3:6). Para que as pessoas sejam mudadas, elas precisam nascer do Espírito. Assim é o mundo — onde a sociedade humana insiste em julgamentos através de valores satânicos, e guiados pelo orgulho e filosofias satânicas. Embora o mundo esteja totalmente alheio a isto, ele continua sob o controle da filosofia satânica.

Não devemos esquecer o objetivo final destas estratégias astutas: o diabo busca destruir, arruinar e desperdiçar. Este é o propósito dele para você e para mim. Você pode provavelmente pensar em algumas pessoas que uma vez estiveram cheias de um potencial promissor, mas que deram brechas ao diabo e através delas ele acabou destruindo suas vidas. Talvez elas tenham se envolvido com algum hábito que tomou conta de suas vidas como drogas, promiscuidade sexual ou pornografia. Ou talvez tenham destruído suas famílias por causa de suas habituais explosões de fúria ou por sua linguagem destrutiva. Ou talvez tenham colocado de lado a verdade de Deus para perseguirem uma filosofia ou riquezas, prestígio ou uma ideia egoísta de realização. Esta trágica história se repete, vez após vez, na vida de muitas pessoas: as ciladas de Satanás destroem uma vida que Deus ama — e naquela vida em particular, Satanás vence porque o indivíduo não estava consciente das ciladas do diabo.

Portanto, fomos chamados para uma batalha contra um inimigo perigoso, sagaz e invisível. Somos chamados para batalhar não só pelo nosso bem, não só por nossas famílias, mas pelo bem dos outros ao nosso redor. Precisamos alertá-los que a vida é uma batalha, e que o inimigo nos tem em sua mira. Precisamos alertar uns aos outros quanto às ciladas do diabo para que possamos nos armar e defender dos ataques do diabo. Devemos orar uns pelos outros, porque o nosso único defensor é o próprio Jesus.

Batalhar contra estas forças das trevas é o que torna a vida humana possível na terra. Se os cristãos, que são o sal da terra, não fossem dedicados a uma batalha intensa, inteligente contra Satanás e as forças satânicas; se nós cristãos não escolhêssemos ser fortes no Senhor e na força do Seu poder, a vida humana poderia não existir neste planeta. As forças do mal correriam rampantes e sem oposição por toda a sociedade humana e a vida na terra seria horrível, um inferno insuportável. É a presença dos cristãos e do Espírito Santo, que vive em nós, e o evangelho que trazemos, que torna o mundo suportável como é, mesmo para os que não são cristãos.

Por isso, temos uma tremenda responsabilidade diante de Deus e do mundo inteiro, de nos entregarmos de corpo e alma, nesta batalha contra as ciladas do maligno. Temos a responsabilidade de derrotar as ciladas do diabo neste mundo e apontar o caminho para a paz e a segurança que se encontra na vida além.

Oração

Obrigado, pai, pela vitória já conquistada. Obrigado por revelar-me a estratégia do meu inimigo — e pela segurança de que já fui trazido das trevas para o reino da Tua luz. Já não luto sozinho numa batalha perdida com minhas próprias e enfraquecidas forças. Ao contrário, cheio da Tua força e coragem, luto sabendo que a vitória foi garantida na cruz de Cristo. Obrigado por esta vitória!

No nome de Jesus Cristo, meu vitorioso comandante, amém!

CAPÍTULO 4

AS TÁTICAS DE TERROR

Quanto ao mais, sede fortalecidos no Senhor e na força do seu poder. Revesti-vos de toda a armadura de Deus, para poderdes ficar firmes contra as ciladas do diabo; porque a nossa luta não é contra o sangue e a carne, e sim contra os principados e potestades, contra os dominadores deste mundo tenebroso, contra as forças espirituais do mal, nas regiões celestes. Portanto, tomai toda a armadura de Deus, para que possais resistir no dia mau e, depois de terdes vencido tudo, permanecer inabaláveis (Efésios 6:10-13).

Ouvi uma vez a história de um hospital de saúde mental que tinha desenvolvido um teste incomum para determinar quando seus pacientes estavam prontos para voltar ao mundo "normal". Traziam os candidatos para liberação para uma sala onde uma torneira estava aberta, fazendo a água transbordar da pia para o chão. Davam ao paciente um rodo e diziam-lhe que secasse o chão. Se o paciente tivesse consciência suficiente da realidade para fechar a torneira antes de puxar a água, ele estava pronto para voltar para a sociedade. Mas se começasse a puxar a água com o rodo sem fechar a torneira, eles sabiam que ele precisava de mais tempo de tratamento.

Enquanto eu e você jamais perderíamos tal passo óbvio como fechar a torneira antes de secar o chão, há muitos cristãos que vivem suas vidas de um modo que — do ponto de vista espiritual — é igualmente absurdo. Cada um de nós cristãos recebeu a verdade de Deus e a ordem de evitar a maldade do mundo ao nosso redor. Mas somente seremos úteis nesta tarefa se tivermos consciência suficiente para primeiro fecharmos o fluxo de maldade que se derrama dos dominadores deste mundo tenebroso para os nossos corações.

É exatamente disto que o apóstolo Paulo fala em Efésios 6:10-13. Não podemos ajudar a resolver o problema moral, social e espiritual do mundo enquanto somos parte do problema. Toda esta passagem foi planejada para nos despertar e chamar nossa atenção para a necessidade de entender a natureza do nosso problema. Como vemos é através dos canais que a Bíblia chama de "mundo" e "carne", que o diabo faz seus ataques indiretos mais pérfidos sobre a vida humana.

"O mundo" é a sociedade humana junto aos seus prevalentes valores falsos, moralidade e imoralidade, maldade, ateísmo, hedonismo, paganismo, Nova Era e outras ideias e "ismos" enganosos. "O mundo" manda que nos conformemos com seus falsos valores e ideias, e pune sem dó os que se recusam a fazê-lo. É por isso que através dos séculos e até hoje "o mundo" tem perseguido e intimidado os cristãos — porque quando os cristãos realmente praticam a sua fé e pregam o evangelho, o mundo e seus valores ficam expostos e condenados.

"A carne" é aquilo que clama dentro de nós pela autonomia total e rebelião, para nos tornarmos nosso próprio pequeno deus — sem ter que prestar contas a ninguém, sem ter que obedecer a ninguém, sem ser responsável diante de ninguém, administrando nossos pequenos mundos de modo que nos satisfaçamos. A força do egocentrismo e do egoísmo nos impossibilita de sermos totalmente Seus.

Como você pode ver claramente, esta luta contra as influências do "mundo" e da "carne" não é algo simplesmente teórico ou distante de nossa experiência. É uma batalha na qual todos estamos engajados a cada momento de nossas vidas porque "o mundo", a arena externa da batalha está sempre ao nosso redor, enquanto "a carne", a arena interna da batalha, está sempre dentro de nós. Não podemos escapar do "mundo", nem podemos fugir da "carne". Temos sempre que começar nossa batalha no ponto onde estamos.

John F. Kennedy, o 35.º presidente dos EUA, foi oficial naval comissionado durante a Segunda Guerra Mundial. Em agosto de 1943, o barco torpedeiro de patrulha que ele comandava — PT 109, foi atingido e afundado por um contratorpedeiro inimigo perto da Ilhas Salomão dominadas pelos japoneses. Kennedy e outro oficial nadaram de uma ilha ocupada pelo inimigo para outra, até encontrarem alguns nativos amigáveis que os ajudaram a mandar uma mensagem para as forças americanas. Anos mais tarde, Kennedy foi considerado um herói, ao que ele respondeu: "Foi involuntário; eles afundaram meu navio."

Assim acontece conosco, não temos que nos voluntariar para nos encontrarmos no meio de uma guerra. É involuntário! A guerra vem até nós. Ela está rugindo ao nosso redor, através do canal do "mundo", e dentro de nós através da "carne".

Você pode estar pensando, "Isto não parece certo de jeito nenhum! Eu pensava que ao tornar-me cristão, Jesus me libertaria do reino de Satanás, assim o diabo não poderia mais tocar em mim! Eu achava que a conversão me tiraria fora da batalha, e não que me empurraria mais fundo no conflito!" Se esse é o seu conceito de vida cristã, você não poderia estar mais errado! Ao tornar-se um cristão, a batalha *realmente* começa!

MISERÁVEIS CRISTÃOS

É verdade que Satanás não pode derrotar totalmente o cristão. Aqueles que são genuinamente do Senhor, que chegaram à salvação através de um relacionamento com Jesus Cristo, foram poupados de uma derrota total. O diabo não poderá jamais nos colocar sob o controle inconsciente que uma vez exerceu sobre nós, como ele faz com o resto do mundo. Mas, o diabo pode desmoralizar o cristão. Ele pode nos amedrontar e nos tornar miseráveis. Ele pode diminuir nossa eficiência e nos fazer sentir fracos e infrutíferos para Deus. Mesmo tendo no final a vitória através de Cristo, muitas vezes é fácil sentir-se mais miserável como cristão do que antes de sê-lo.

O diabo tem uma razão especial por que ele quer fazer os cristãos se sentirem derrotados — porque um cristão desmoralizado é um cristão cuja eficiência foi diminuída. Os mundanos perdidos não são um problema para ele, pois já estão presos a ele. Deixe que eles resolvam os seus problemas através da legislação, educação e da mudança do meio ambiente — nada disso incomoda o diabo. Ele fica satisfeito em deixá-los arranjar as peças do quebra-cabeça sem nunca conseguir montá-lo. Mas a presença dos cristãos no mundo incomoda muito o diabo. Por quê? Porque todo cristão é uma ameaça em potencial à solidariedade do reino das trevas, ao seu domínio sobre o resto da humanidade — é por isso que o diabo concentra tanta atenção em nós e busca nos atrapalhar e desanimar.

Quando o cristão vive em obediência à vontade de Deus, ele ameaça o domínio de Satanás sobre a terra. Cada cristão eficiente é uma porta de escape em potencial, ajudando os "mundanos" a saírem do reino das trevas e entrarem no reino da luz eterna. Cada cristão que deixa Deus dirigir sua vida e resiste às ciladas do diabo, é um corredor para a liberdade, um ponto de luz, dissipando as trevas e a ignorância do mundo ao seu redor.

O diabo não pode permitir que as pessoas escapem do seu domínio, por isso, ele é cruel e persistente em seus ataques aos cristãos. Ele comanda todas as suas forças contra nós para nos desanimar e tirar a paixão, para que não sejamos eficientes e úteis para Deus. Às vezes o diabo nos ataca como um "leão que ruge", dando patadas em nossa direção através das circunstâncias catastróficas, para nos derrubar ao chão e não permitir que nos levantemos por Deus. Em outras ocasiões, ele chega como um "anjo de luz", com uma tentação sedutora e fascinante, nos oferecendo alguma coisa atraente e bela que parece ser uma coisa certa — porém, dentro dela há veneno mortal.

Para ficar seguro, o diabo assume o controle direto da vida humana sempre que pode, produzindo um Adolf Hitler ou um Charles Manson — homens demoníacos, motivados por paixões estranhas e inexplicáveis. Às vezes o diabo nos assalta através do "mundo" com pressão intimidadora para nos conformarmos, para não sermos diferentes, para irmos na "onda", se não, seremos colocados de lado e taxados de "fanáticos" ou de "religiosos extremistas".

Mas, com maior frequência o diabo vem disfarçado, usando o canal da "carne" — o nosso interior — com sedosas, sutis e sugestivas ciladas. Este é o "mostruário" dos ataques satânicos contra os quais o apóstolo Paulo nos adverte tanto — as sutis ciladas do diabo.

O EXTREMISTA ORIGINAL

De acordo com a Bíblia, a "carne", no seu sentido simbólico, é identificada como o corpo que no final morre. Paulo diz, "Se, porém, Cristo está em vós, o corpo, na verdade, está morto por causa do pecado, mas o espírito é vida, por causa da justiça" (Romanos 8:10). Note que Paulo não diz "seu corpo está ficando velho e morrendo", como nós diríamos. Não, ele diz que o corpo já está morto. Ele vê o fim de nossas vidas físicas e diz que é tão boa como se já estivesse morta.

Neste estado temporário, que vivemos antes da nossa ressurreição, o corpo é a residência do pecado ou a "carne" — este princípio de egocentrismo inerente a cada um de nós. Portanto, "a carne" estará conosco por toda a vida. É melhor enfrentarmos isto: nunca fugiremos dela. Nunca escaparemos até aquele maravilhoso dia da ressurreição dos mortos.

Mas o corpo, a mente e o espírito do homem estão unidos de uma forma indissociável, que ninguém consegue entender. Onde a sua alma vive no seu corpo? Você sabe? Não, mas você sabe que tem uma alma, embora não possa localizá-la em seu corpo. O relacionamento entre corpo, espírito e alma vai além da nossa compreensão, mas porque estes elementos são tão indissociáveis, "a carne" ligada ao corpo toca a pessoa por inteiro.

É muito importante entender tal conceito. Isto significa que o diabo pode influenciar-nos no corpo, na alma e no espírito. Ele tem acesso à pessoa toda através da "carne". Em outras palavras: somos submetidos à influência dos governantes deste mundo de trevas através da nossa mente, nossos sentimentos e nossas ações — através de nossa inteligência, nossas emoções e nossa vontade. Vejamos como isto acontece.

Pelo canal da mente — o intelecto — o diabo faz seu apelo ao orgulho humano; através do canal das emoções, ele trabalha nos medos e paixões humanas. No reino das nossas ações, nosso comportamento, as coisas que escolhemos fazer e dizer, o diabo faz seu apelo ao prazer, já que somos seres essencialmente sensíveis.

Veja como este apurado conceito é ilustrado na história de Eva no Jardim do Éden. Ouvimos que quando ela viu o fruto, percebeu que era bom para comer — ofereceu-lhe o prazer da degustação (apelo ao corpo); e que era um "colírio" para os olhos, despertando dentro dela o sentido da beleza (apelo às emoções) e quando ela percebeu que a ingestão dele a tornaria uma pessoa sábia (apelo ao orgulho da mente, apelo à inteligência e ao amor, à sabedoria e ao conhecimento) o tomou e o comeu.

Estes são simplesmente os canais pelos quais os seres humanos são tocados, seja para o bem ou para o mal. É assim que os homens e as mulheres são, e tanto Deus quanto o diabo vão apelar e buscar nos tocar através destes canais: a emoção (o coração); a mente (a inteligência), e a vontade (o poder de escolha).

Você pode dizer, "Se Deus e o diabo nos tocam através dos mesmos canais, qual a diferença?" A diferença é simplesmente esta: o diabo se move para criar desequilíbrio, excentricidade. O diabo é o extremista original. Deus, no entanto, se move para criar equilíbrio, harmonia e beleza. A diferença não está na maneira como eles trabalham, mas na direção para a qual se movem.

O EQUILÍBRIO SAUDÁVEL

A grandeza do evangelho está no seu apelo a toda humanidade, tocando o ser por inteiro, corpo, alma e espírito e na vida em sua totalidade. Este fato revela a origem divina do evangelho claramente. O evangelho de Jesus Cristo toca e explica toda a história. Tem uma cosmovisão clara e consistente e provê uma base para toda ciência, todo empreendimento para investigar a realidade e, cada esforço para entender e dar sentido a todos os acontecimentos da história.

O evangelho não se contenta em simplesmente tratar os sintomas da condição humana. Ele oferece uma solução radical para nossos problemas fundamentais. Muitas vezes nos achegamos a Cristo pedindo que Ele resolva alguma dificuldade imediata na qual nos encontramos, como um homem com câncer indo ao médico e dizendo, "Doutor, eu tenho uma ferida no meu braço. Ah, claro, tenho câncer — mas não se preocupe com isso, trate somente a ferida e eu vou embora." Nenhum médico digno de seu diploma honraria tal pedido — e nem o Médico dos Médicos, Jesus Cristo.

O Senhor não trata só os sintomas e para por aí. Ele nos conhece melhor do que nós mesmos e sabe que se resolver somente um pequeno problema aqui e aquela dificuldade ali, tocará nossa vida apenas superficialmente. O restante de nossas vidas, o cerne delas, permanecerá doente e moribundo. Portanto, em Seu evangelho, Jesus faz Seu apelo e aplica Seu poder em nossas vidas em sua totalidade. Seu propósito é confrontar a excentricidade e o desequilíbrio que o pecado e o diabo produzem em nossas vidas e trazer-nos à sanidade do equilíbrio.

Você pode ver esta maravilhosa normalidade na vida de nosso Senhor. Leia os relatos dos Evangelhos e deleite-se com o maravilhoso equilíbrio na personalidade do Senhor Jesus, e pela maravilhosa postura que Ele exibe em todas as circunstâncias. Suas palavras desafiam e confundem os maiores pensadores de Sua época, e eles observam com admiração o Seu discernimento e sabedoria. "Ninguém jamais falou como este homem!" É a sua respeitosa resposta, e é claro — estão certos. Nunca houve outro homem igual a Jesus Cristo.

Mas Jesus não é somente intelecto, fazendo Seus apelos, somente aos pensadores e filósofos. Ao ler os relatos do Evangelho, você percebe que Ele é um ser humano agradável, um homem compassivo de inigualável profundidade. Ele ri, chora, toca as vidas, Ele desperta as emoções e o encanto daqueles que o cercam. Ele atrai as pessoas para Si, e demonstra um magnetismo e calor humano supernatural. Ele não se contenta apenas em sentir certas emoções, nem a simplesmente comunicar verdades importantes. Ao contrário, o belo equilíbrio de Sua personalidade é expresso em Suas obras, em Suas ações — nos inesquecíveis, e inegáveis acontecimentos como as: curas, o ressuscitar dos mortos, o confronto entre o mal e hipocrisia, o sacrifício sobre a cruz, e o retumbante milagre da ressurreição.

Este equilíbrio saudável que observamos na personalidade de nosso Senhor Jesus Cristo também está em evidência na Bíblia. Em cada livro, em cada página das Escrituras, vemos que o homem integral recebe o ministério para as necessidades da alma, do corpo, e do espírito — todos mantidos em delicado equilíbrio com nota fora do saudável.

Tudo está em harmonia — a mente, o coração, e a vontade, e juntos se movem. Quando Deus toma uma vida humana, Ele toca cada parte desta vida. Algo menos do que isto é uma mensagem incompleta, um mero fragmento.

Agradeço a Martin Lloyd-Jones por demonstrar este equilíbrio saudável de forma tão bela em um dos nossos grandes hinos, "Ao contemplar a rude cruz" do compositor Isaac Watts:

Ao contemplar a rude cruz
Em que por mim morreu Jesus...

Note a profundidade do significado destas palavras: minha mente está comprometida quando penso sobre a cruz, quando faço uma consideração inteligente do que isto significa, quando penso em tudo que está envolvido naquela suprema hora quando Jesus ficou dependurado entre o céu e a terra! A cruz apreende a dimensão humana do intelecto.

Depois, outra dimensão da nossa humanidade é tocada pelos seguintes versos do hino:

Minha vaidade e presunção
Eu abandono em contrição.

Minhas emoções estão comprometidas quando penso na cruz. Sou tocado pela alegria e pela tristeza quando penso no quanto a cruz custou ao Senhor — e como a cruz me enriqueceu e resgatou de sentimentos vãos. Qualquer um que fale sobre a cruz de Cristo sem ser emocionalmente tocado ainda não entendeu a verdade. A verdade da cruz foi elaborada para atingir o coração, para tocar-nos e envolver nossos sentimentos. E este hino continua sondando nossa resposta emocional a Cristo e à cruz nos próximos versos:

Se eu fosse o mundo lhe ofertar
Ele o iria desprezar...

Aqui, sintetizado com economia de palavras, se expressa o sentido da grandeza da obra da cruz, sua extensão, e sua glória.

Seu grande amor vem requerer
Minha vida e todo o ser.

O que o amor faz? Ele demanda, requer! Minha vontade está empenhada quando penso na cruz. Nas palavras deste hino encontro um chamado constrangedor à ação.

Em sua imaginação batizada e em sua alma poética, Isaac Watts entendeu que o apelo do evangelho é para o conjunto da humanidade, em sua totalidade, em todas as nossas dimensões humanas. O ser humano todo —, mente, emoções e vontade — é totalmente engajado pela cruz de Jesus Cristo. É assim que Deus trabalha!

Ele faz uma obra completa, é equilibrado e chama cada um de nós à mesma sanidade de equilíbrio saudável.

CARICATURAS GROTESCAS

Agora vamos contrastar o maravilhoso equilíbrio de nosso Senhor com as ações do diabo. O que o diabo tenta produzir em nossas vidas? Desequilíbrio! Ele trabalha horas extras para aumentar um elemento da natureza humana à custa de outros. Conduz-nos a extremos e tenta nos tornar pessoas portadoras de uma característica única: caricaturas grotescas do que um dia Deus nos criou para ser, ao invés de pessoas equilibradas, integrais.

Há muitos que realmente se orgulham em enfatizar uma parte de seu ser que sobressai a outras. Há os intelectuais — os quais chamamos de cultos ou "feras". Eles dizem que nada é mais importante na vida do que a mente, a capacidade de raciocinar, e se entregam completamente ao desenvolvimento desta parte de suas vidas. Como resultado, tornam-se tão alheios que lhes falta praticidade e emoções. São tão áridos em suas personalidades que torna-se impossível a convivência! Por serem desequilibrados, os chamamos de "excêntricos".

Há também as pessoas emotivas, sentimentais, que dizem, "Ah, não me fale sobre coisas intelectuais ou práticas. Eu tenho um espírito livre! Quero experimentar a vida! Quero sentir"! Estas pessoas vivem de suas emoções momentâneas, levam a vida pelos sentimentos, não fazem um julgamento cuidadoso para tomar decisões com base em princípios bíblicos, fatos ou informações. Simplesmente fazem o que "parece bem" ou o que "parece certo" no momento — e como resultado, criam um enorme caos para si mesmas e para os que as cercam. O mundo tem se tornado mais e mais um lugar onde as pessoas acham que somente os sentimentos importam. Raramente ouve-se a pergunta "O que você *pensa* ou acha disto?" Normalmente o que se ouve é: "Como você se *sente* a respeito disto?"

Algumas pessoas guiadas pelos sentimentos praticam auto exames intensos e obsessivos. Mergulham nas próprias emoções e ficam narcisisticamente introspectivos, num autoexame sem fim. É claro que não há nada de errado com o autoexame — se praticado com equilíbrio, com o foco em Deus e nos outros, certa quantidade de introspecção faz parte da vida do cristão. Mas, algumas pessoas nada olham além do seu *interior*. Olham constantemente para si mesmas, examinando-se, fazendo dramas e falando sobre si, psicoanalisando-se, obsessivos consigo mesmos. São tão ocupados egocêntrica e emocionalmente, que ninguém aguenta ficar perto deles.

E há os que dizem, "Eu não tenho paciência com intelectualidade ou sentimentalismo, creio que devemos ser práticos, creio na ação." Chamamos estas pessoas de pragmáticas, cabeças-duras ou de "fazedores". Estão preocupados com obras, ações, realizações e resultados. Não perguntam "O que você pensa?" "O que você sente?", mas, "O que você faz?"; "O que você vai conseguir com isso?"; "Qual é o uso ou o benefício disto?"

Estes são os três extremos das personalidades — o intelectual, o sentimental e o pragmático. Os extremos são ruins porque estão fora do equilíbrio. Deus não criou os seres humanos para serem extremistas. Ele nos criou para sermos equilibrados, para demonstrar uma rica e bem integrada mistura de intelecto, emoção e vontade. Deus não produz em nós os extremos, mas sim o diabo. Satanás apossa-se de cada uma destas facetas de nossa humanidade (que Deus planejou que fossem nossas riquezas e pontos fortes) e nos empurra para o desequilíbrio e excentricidade insalubres.

Pense no reino da mente, por exemplo. Uma das armadilhas do diabo é motivar as pessoas a exaltarem a razão, excluindo a fé. A fé é uma função da vontade, da alma. Por isso, a fé é a característica mais humana do ser. É o elemento de nossa humanidade, nossa motivação básica. Assim, todos podem exercitar a fé. Se você não é humano, não está vivo, não pode exercitar a fé.

Mas o diabo tenta nos desequilibrar nesta área, apelando para nosso orgulho. Adoramos pensar que somos racionais, seres intelectuais que têm uma razão lógica para todas as nossas ideias, crenças e ações. Mas, esta exaltação da razão abre a porta para o erro e para um arrogante autoengano. Iludimo-nos pensando que somos motivados pela lógica, quando de fato somos, geralmente, motivados pelas emoções, desejos e outros motivos pouco conhecidos — então, usamos o intelecto para chegar a um raciocínio falsamente lógico e autodestrutivo para justificar nossas decisões ilógicas e emocionais.

Hoje, um dos grandes exemplos disso, que ouvimos frequentemente, é o ensino mundano que diz que a Bíblia é um livro primitivo para uma era primitiva, que a verdade bíblica e a moral são "irrelevantes, no mundo de hoje", que os realmente "esclarecidos", "educados", "modernos" e até mesmo "pós-modernos" sabem que a Bíblia é uma simples coleção de histórias antigas, mitos fantasiosos e conceitos morais ultrapassados. Confiantes em nossas presunções intelectuais, sabemos que a Bíblia não pode ser aceita como um relato histórico, nem podemos contar com ela como um guia de moralidade. Somos não somente livres para ignorar as verdades bíblicas, mas também para descrer de qualquer conceito da verdade. Somos livres para inventar a própria realidade, nossa própria verdade, nossa própria moralidade e nossa própria cosmovisão, sem nenhuma divindade olhando por cima do nosso ombro, dizendo-nos o que é certo ou errado.

As mesmas pessoas que nos dizem que a Bíblia já não é relevante e confiável, nunca param para ponderar o fato de que quanto mais nossa sociedade se afasta dos ensinamentos das Escrituras, mais desvalorizada, corrupta e cruel a humanidade se torna. À medida que o mundo se afastou de Deus e da Bíblia, vimos um aumento no crime, na corrupção política, gravidez em adolescentes, suicídio de adolescentes, divórcio, crianças sem pais, desrespeito pelo casamento, famílias com pais solteiros, aborto, pornografia, abuso de drogas, alcoolismo, racismo, declínio geral na integridade pessoal, na responsabilidade, na decência e na civilidade. Quanto pior o mundo fica, mais as pessoas apresentam soluções que só criam mais problemas — e resultam numa espiral aumentando doenças sociais e diminuindo o respeito à moralidade e decência no mundo.

Hoje, há um esforço consciente em nossa sociedade, para apagar a imagem de Deus com um Pai celestial amoroso. Tudo começou com retratos desfigurados e desrespeitosos que pintores fizeram como *The Old Man in The Sky* (O Velho Homem no Céu) ou *The Man Upstairs* (O Homem do Andar de Cima)". Cresceu tanto que muitas igrejas e denominações, agora o retratam como o "politicamente correto" (portanto, biblicamente incorreto!), "sexualmente neutro", "pai-mãe celestial", "Mãe celestial", ou pseudo-divindade. O gênero político do movimento feminista radical infectou a igreja, querendo destruir a imagem positiva da paternidade e da hombridade em geral, e a imagem do Pai celestial em particular.

Se você quiser ser um verdadeiro pensador "iluminado" e "contemporâneo", não poderá abraçar o conceito "patriarcal" de Deus Pai. Não, você precisará vê-lo de modo mais vago e sem significado. Deve vê-lo não como uma pessoa, mas como "força" ou "princípio universal" ou como a "matéria de todos os seres". Este tema é apresentado como se fosse um avanço do pensamento teológico. Na verdade nada mais é que heresia pagã.

Ouvimos ecos em nossa própria era da história, sobre a jornada de Paulo ao centro do intelectualismo de seus dias — a cidade de Atenas. Ao andar ao redor da cidade, ele encontrou evidências de uma fé ignorante, pagã e supersticiosa por todos os lados. Até um altar dedicado "AO DEUS DESCONHECIDO" encontrou. Dirigiu-se então ao Aerópago, e pregou para a elite intelectual ateniense, dizendo:

> Porque, passando e observando os objetos de vosso culto, encontrei também um altar no qual está inscrito: Ao Deus Desconhecido. Pois esse que adorais sem conhecer é precisamente aquele que eu vos anuncio. O Deus que fez o mundo e tudo o que nele existe, sendo ele Senhor do céu e da terra, não habita em santuários feitos por mãos humanas. Nem é servido por mãos humanas, como se de alguma coisa precisasse; pois ele mesmo é quem a todos dá vida, respiração e tudo mais [...], pois nele vivemos, e nos movemos, e existimos, como alguns dos vossos poetas têm dito: Porque dele também somos geração (Atos 17:23-25,28).

Em outras palavras o que Paulo está dizendo é, "Mesmo vocês sendo pagãos, têm inteligência suficiente para saber que Deus não habita em templos feitos de pedras. Como o Criador do universo se conteria num lugar tão insignificante feito por mãos humanas? Até os nossos poetas gregos reconhecem que Deus não está longe de nenhum de nós, pois nele, nos movemos e existimos e somos o que somos. Vocês já sabem tudo isso sobre Deus — agora eu vou lhes dar uma revelação completa, radical, para que saibam quem realmente Ele é!"

A fé primitiva é o nível mais simples de fé e nós vemos tal fé primitiva, desinformada, ignorante, inquisitiva e tateante, entre a elite intelectual do Areópago, e hoje em movimentos inespecíficos, fé não-organizada, como o movimento da Nova Era. Muitos de seus seguidores creem num conceito que chamam de "Deus", mas são apáticos ou hostis com a fé em Jesus Cristo. Como os atenienses, adoram um Deus desconhecido, mas o adoram em ignorância. O plano do diabo é manter este tipo de pessoas na ignorância, sempre buscando e nunca encontrando a verdade, que está bem na frente de seus olhos.

Vemos também esta fé primitiva e simples no movimento de recuperação chamado Alcoólicos Anônimos. Muitos que participam deste movimento de recuperação oram ao Senhor e creem num "poder superior", mas não reconhecem Jesus como sendo este poder. Isto não é uma crítica aos que estão neste estágio de busca — há muitos cristãos hoje que conheceram Deus primeiramente nesta forma vaga de "poder superior". Crescendo em seu conhecimento e dependência de Deus para permanecer sóbrios — Jesus gradualmente revela-se a eles. No tempo certo, tornam-se mais que meros seguidores de um sombrio "poder superior", tornam-se seguidores do Senhor ressurreto, do Salvador Jesus Cristo.

Mas há muitos no movimento de recuperação que nunca passam do estágio da fé primitiva. Há muitos, inclusive, que professam crença num deus pagão, num conceito da Nova Era, ou em algum outro substituto para o "poder superior". Embora o movimento de recuperação seja um sucesso e tenha salvado muitas pessoas do alcoolismo e outros hábitos destrutivos, não há empecilho para que o diabo o use para atingir seus propósitos. Parte de sua estratégia é manter as pessoas em sua fé primitiva, nunca se movendo para uma fé mais madura em Jesus Cristo. O diabo frequentemente mantém as pessoas em sua fé primitiva apelando para o seu orgulho, plantando pensamentos em sua mente como:

"Eu sou muito sofisticado para coisas fora de moda, para carregar uma enorme Bíblia e religião organizada." Em outras palavras, eu sou intelectualmente superior a estes fundamentalistas ignorantes e evangélicos que creem neste livro antiquado e cheio de mitos e fábulas.

"Eu acredito em Deus, mas prefiro imaginar meu próprio Deus. Eu prefiro adorar a Deus no campo ou num riacho, do que na igreja." Em outras palavras, sou intelectualmente superior àqueles pobres tolos que perdem sua manhã de domingo na igreja quando poderiam estar dormindo ou caminhando na mata.

"Não preciso ler a Bíblia ou ir à igreja para entender Deus. A Bíblia pode dizer o que a gente quiser e as igrejas estão cheias de hipócritas." Em outras palavras, sou intelectualmente superior a todos para fazer o deus que quiser.

O diabo astutamente apela para o orgulho e arrogância dos humanos, lançando na mente da "elite intelectual" que os antigos mitos e heresias pagãos são realmente "novos avanços" no pensamento religioso!

Outra cilada que o diabo emprega contra nós no reino do intelecto é a dúvida. Ele planta suas heresias e incita falsos ensinamentos. Os falsos ensinamentos sempre tomam posições extremadas — exagerando um dos aspectos da verdade e deixando-o fora de proporção, tornando de uma pequena parte da verdade de Deus um conceito exagerado, extremado. O diabo usa até mesmo esta ferramenta para promover falsas ideias a respeito de si mesmo. Ele fará alguns cristãos ficarem tão focados e fanáticos com a questão do diabo e demônios, que eles perderão o foco em Deus, em Seu Filho, e em Seu poder. Para tais pessoas a mensagem do diabo é, "Sim, eu sou real, sou o diabo! Lembre-se de que sou poderoso, um adversário astuto, por isso é melhor você concentrar todo o seu pensamento e energia em me derrotar! " E aqueles que são iludidos e caem nesta armadilha, correm o risco de cair nas garras da superstição, do ocultismo e de outras práticas e crenças obsessivas centradas no medo.

O diabo leva pessoas a outro extremo — incluindo muitos membros de igreja — a se tornarem intelectuais tão presunçosos a ponto de duvidar da existência de um diabo pessoal e real. Já encontrei pastores que dizem, "Eu creio em Deus, eu creio em Jesus Cristo, mas eu não creio na existência de um diabo pessoal." Este não é um ardil esperto da parte do diabo? A dissimulação não é uma maneira perfeita para pegar uma presa desavisada? É por isso que os caçadores de patos se escondem, esperando os patos passarem, completamente desavisados da morte por calibre 16 com tambor duplo, que espera para explodir na direção deles! É assim que o diabo age. Ele se esconde, fica à espreita, persuade as pessoas de que não existe um diabo real e pessoal — e esta é uma armadilha perfeita para uma cilada. Enquanto a humanidade estiver descrente e distraída, o diabo estará livre para fazer entre nós exatamente o que quiser!

Entre os cristãos ele costuma atacar no reino do intelecto, para nos tornar profundamente obsessivos com certos aspectos teológicos. Há muitos cristãos que orgulham-se por serem estudantes dedicados à Bíblia e à teologia sistemática. Eles estudaram todas as escolas teológicas de pensamento, transitaram pelos vales escuros das diferenças teológicas e subiram os picos gelados das peculiaridades doutrinárias, como a predestinação e a dispensação, profecias, numerologia bíblica e assim por diante. Deus nunca quis que os cristãos precisassem de doutorado em divindades ou uma máquina de calcular de bolso para entender Sua Palavra ou viver o Seu plano para suas vidas. Jesus disse que a fé que salva é como a de uma criança. Creio que um dos grandes triunfos do diabo tem sido sua estratégia em tirar pessoas da fé infantil para disputas sem fim sobre minúcias doutrinárias.

UM APELO AO MEDO

O reino das emoções é outra janela de oportunidade para as ciladas do diabo. Vivemos numa era que praticamente endeusa as emoções. "Confie nos seus sentimentos, Lucas!" diz o guru da Nova Era, Obiwan Kenobi no filme de ficção científica *Guerra nas Estrelas* — e milhões de frequentadores de cinema têm seguido esse conselho enganoso desde então!

Costumamos confiar em nossos sentimentos. Desde a fase de bebê somos acostumados a reagir da maneira como nos sentimos e a aceitar a maneira como nos sentimos, como uma descrição apurada e legítima do jeito que as coisas são. Nada pode ser mais tolo! Não há um guia mais incerto, duvidoso e irreal, para nossas vidas do que nossos sentimentos. Eles vêm e vão, e na maioria das vezes, não revelam a realidade de maneira alguma, porque sofrem muitas influências — mudança de circunstâncias, nossas perspectivas mudam e ainda temos as mudanças químicas e hormonais que acontecem no corpo e no cérebro humano.

O diabo seduz alguns cristãos a crer que o verdadeiro culto, a verdadeira fé, a verdadeira alegria consistem em constante emocionalismo. Estes cristãos precisam de doses regulares de palmas, gritarias, danças, quedas e uma vasta gama de manifestações extremas, ditas miraculosas. Se não experimentarem essas emoções extremas, eles acharão que não estão experimentando a vida cristã, eles já não "sentem o Espírito". Isto poderá levá-los a um sobe e desce, um zig-zag emocional onde os cristãos alternam-se entre sentimentos de êxtase religioso e sentimentos desprezíveis de derrota e depressão. Deus nunca quis que vivêssemos desta maneira, pois quer vidas equilibradas para nós, sem confiar nas momentâneas ondas de emoção, mas em Sua verdade e promessas, imutáveis e inabaláveis.

O diabo seduzirá outros a um extremo oposto, uma visão morbidamente insalubre das emoções — uma visão que diz que a felicidade é pecado e que a alegria é uma marca de superficialidade espiritual. Tais cristãos são cabisbaixos e introspectivos, e a fé que praticam é cinza, severa; uma sombra do que o cristianismo foi planejado para ser. Este extremo não é mais piedoso e cristão do que o emocionalismo extremo. Deus nos criou como seres emocionais, e Ele nos alcança através de nosso intelecto e nossa vontade, mas também através das emoções. A cilada do diabo é desequilibrar e distorcer nossas emoções para que fiquemos num extremo ou noutro, assim, somos todo emoção ou nada emoção! Se você se encaixar numa destas descrições, então já está na hora de despertar e gritar, "Chega!" aos esquemas do diabo.

Outra maneira do diabo usar as emoções para manter os cristãos derrotados é sermos guiados por nossas emoções negativas. Ele vem sobre nossos pensamentos e induz a nos preocuparmos, nos torna ansiosos com o futuro, com as decisões a tomar, com a dúvida de que se Deus realmente nos ama ou não, e se pertencemos realmente a Ele. A receita de Deus contra este tipo de ataque satânico está em Filipenses 4:6, "Não andeis ansiosos de coisa alguma; em tudo, porém, sejam conhecidas, diante de Deus, as vossas petições, pela oração e pela súplica, com ações de graças."

O diabo pode nos atrair através dos nossos medos, ele diminui a nossa eficiência tornando-nos tímidos e medrosos para nos movermos na fé, para viver e falar com ousadia para o Senhor, e fazer grandes coisas para Ele. O diabo nos faz encolher, hesitar e tremer. O diabo sempre apela para nossos medos enquanto Deus apela para nossa fé. Da fé derivam-se a esperança e o amor, mas o diabo quer que nos entreguemos aos nossos temores. A resposta de Deus a esta cilada do diabo se encontra em 1 João 4:18, "No amor não existe medo; antes, o perfeito amor lança fora o medo. Ora, o medo produz tormento; logo, aquele que teme não é aperfeiçoado no amor"; e em 2 Timóteo 1:7, "Porque Deus não nos tem dado espírito de covardia, mas de poder, de amor e de moderação."

Várias vezes no evangelho, Jesus diz aos Seus discípulos, "Não temam, não fiquem ansiosos, não se preocupem". Por quê? Porque, Ele disse, "Eu estou com vocês." Medo e ansiedade são opostos à fé, à confiança, à esperança e ao amor. Quando somos medrosos e ansiosos, estamos confiscando as rédeas de nossas vidas das mãos de Deus. Estamos dizendo, "Deus, eu não posso confiar no Senhor para fazer o que é certo em minha vida. Eu não sei se o Senhor realmente sabe o que é melhor, se o Senhor se importa mesmo comigo, se o Senhor cuida mesmo de mim." O medo é a fé que falha, e é isto mesmo que o diabo quer. Se você der lugar ao temor, você logo ficará desencorajado e derrotado. Se você der lugar ao medo logo começará a odiar e o diabo terá cumprido os seus propósitos. Ele tem destruído e arruinado, ele tem assolado aqueles a quem Deus ama e deseja abençoar.

No reino da nossa vontade e nosso comportamento, o diabo busca nos colocar numa contínua roda de novas e excitantes atividades. Ele tenta nos tornar adicto ao trabalho — *workaholics*, não tendo nunca paz e descanso ou satisfação, sempre correndo, sempre fazendo — e frequentemente exaustos e derrotados. Ele pode nos empurrar até mesmo para um excesso de atividades *religiosas* — nos tornamos tão ativos trabalhando para a igreja e grupos cristãos, que nunca temos tempo para seguir a prescrição de Deus em Salmo 46:10, "Aquietai-vos e sabei que eu sou Deus." Tornamo-nos como Marta em Lucas 10, que estava tão ocupada, sempre fazendo, preparando, limpando e cuidando dos hóspedes — que se amargurou contra sua irmã Maria que se assentava aos pés de Jesus — escutando, aprendendo, adorando e se divertindo na presença do seu Senhor. Maria era a aprendiz que escolheu a melhor parte, mas Marta era a que trabalhava demais, a que sempre estava ocupada "fazendo". Se você se vê como Marta agora, você precisa estar atento e ter muito cuidado para não sucumbir a uma das ciladas do diabo — é tempo para acordar e encontrar paz e equilíbrio na vida, é o que Deus quer para você.

Às vezes, o diabo nos leva a uma direção diferente de nossas atividades — ele nos leva a carregar uma rotina pela estrada de nossas vidas, a cavar uma trincheira tão funda de hábitos, da qual não podemos sair. Tornamo-nos escravos da tradição, do hábito, dos costumes diários, da atitude, que diz, "é esse o jeito, sempre fizemos assim — por que mudar?" E vamos pelo resto da vida fazendo a mesma coisa, nunca nos arriscando, nunca tentando nada novo, não permitindo que nada abale nossa complacência, até que um dia descobrimos que nunca vivemos de verdade, nunca realmente descobrimos a aventura que Deus planejou para nossas vidas.

Deus nunca quis que a vida fosse uma rotina. Seu objetivo para nossas vidas é como uma super via expressa que vai diretamente ao cerne da vida — cheia de ação e atividades com lugares para repouso ao longo do caminho, com retornos e estradas secundárias ocasionais e com um destino final glorioso: nosso lar eterno. Esta é a estrada por onde Jesus andou e à qual a Bíblia nos conduz.

Fizemos apenas uma breve pesquisa neste assunto, os ataques do diabo através da "carne". Nas próximas páginas aprenderemos mais a respeito dos ataques do diabo através do "mundo", com suas ilusões, seus encantos, suas pressões para nos conformarmos, sua mensagem mortal do "todo mundo faz". O diabo nos pega por aqui também. É por isso que a Palavra de Deus nos foi dada, para que pudéssemos ser instruídos em todas as maneiras pelas quais o diabo busca nos destruir. Não podemos escapar se não soubermos de onde vem o ataque.

Neste momento, você pode estar pensando, "Como espero me defender de tais ataques? O diabo é muito esperto e suas ciladas são potentes demais para mim. Nunca vou conseguir enfrentar tal inimigo sozinho." E você está certo — sozinho você não pode. As boas novas são — você não está sozinho! Lembre-se das palavras de Paulo para nós, "Quanto ao mais, sede fortalecidos no Senhor e na força do seu poder. Revesti-vos de toda a armadura de Deus, para poderdes ficar firmes contra as ciladas do diabo." Veja, Deus pensou em suas necessidades; somente quando reconhecemos que somos fracos, estamos realmente prontos para sermos fortes no Senhor e no Seu maravilhoso poder.

Oração

Ensina-me, Pai, a ter humildade para admitir que com minha própria força estou indefeso contra as armadilhas e ciladas do diabo, na Tua força eu sou invencível! Senhor ajuda-me a viver uma vida que seja completa e equilibrada, refletindo o Teu equilíbrio são. Concede-me o desejo de ouvir, de dar atenção cuidadosa ao caminho da vitória que o Senhor concedeu através de Jesus Cristo nosso Senhor. Ele foi o primeiro a entrar na batalha e venceu meu inimigo na cruz. Embora tenha sido tardio em ouvir no passado, ajuda-me a ouvi-lo claramente agora. Senhor abre meus olhos e ouvidos e faze-me atento à Tua Palavra.

No nome do meu maravilhosamente sábio e equilibrado Salvador, Jesus Cristo, amém.

CAPÍTULO 5

Armados
PARA A BATALHA

Estai, pois, firmes, cingindo-vos com a verdade e vestindo-vos da couraça da justiça. Calçai os pés com a preparação do evangelho da paz; embraçando sempre o escudo da fé, com o qual podereis apagar todos os dardos inflamados do Maligno. Tomai também o capacete da salvação e a espada do Espírito, que é a palavra de Deus (Efésios 6:14-17).

O almirante britânico Lord David Beatty comandou uma flotilha na Batalha de Jutland durante a Primeira Guerra. Ao iniciar-se a batalha, navios alemães e britânicos engajaram-se numa longa batalha de artilharia pesada. Logo ficaram claras as principais falhas dos navios britânicos. Primeiro, um pesado cruzador, o *Lion* (Leão), foi atingido por uma barragem de artilharia e logo afundou. Depois, o *Infatigable* (Incansável) foi atingido no porão de pólvora, e virou frangalhos. Então, o *Queen Mary* (Rainha Maria) foi afundado, levando 1.200 marinheiros para o fundo do mar. Vendo a destruição entre os mais importantes navios de sua frota, o almirante Beatty virou-se para seu brilhante oficial da ponte e disse com o característico humor britânico, "parece que há algo errado com nossos navios hoje, Chatfield".

Embora, eventualmente a frota britânica tenha revidado o ataque alemão, foi mais tarde descoberta uma falha fatal no projeto dos navios britânicos. Embora eles tivessem o casco pesadamente armado, seu convés de madeira quase não oferecia qualquer proteção contra as bombas da artilharia de longa distância do inimigo que caíram quase que diretamente do céu. Só depois que os britânicos começaram a armar seus barcos no topo tanto como nos lados, eles pararam de perder navios para a artilharia pesada alemã.

Uma armadura eficiente é um elemento crucial para vitória em qualquer guerra — incluindo a batalha espiritual. Se você deixar algo desprotegido, o inimigo encontrará um modo de explorar esta fenda na sua armadura — e ele o destruirá. Em Efésios 6, Paulo nos chama a "ser fortes no Senhor e na força do seu poder". Como fazemos isto? Como nos tornamos fortes no Senhor como Paulo nos exorta? Colocando *toda* a "armadura de Deus" para que possamos enfrentar as ciladas do inimigo. E note a palavra *toda*. Nós não podemos simplesmente colocar uma parte ou outra da armadura de Deus de alguma maneira aleatória ou de modo incompleto. Não podemos deixar nenhuma de nossas partes desprotegidas ou descobertas. Não podemos dar ao nosso inimigo nem uma brechinha pela qual ele nos explore e tire vantagem.

A ARMADURA É CRISTO

Depois de nos instruir a colocar "toda a armadura de Deus", Paulo prossegue explicando de modo figurado como você e eu devemos nos armar para a batalha espiritual.

> Estai, pois, firmes, cingindo-vos com a verdade e vestindo-vos da couraça da justiça. Calçai os pés com a preparação do evangelho da paz; embraçando sempre o escudo da fé, com o qual podereis apagar todos os dardos inflamados do Maligno. Tomai também o capacete da salvação e a espada do Espírito, que é a palavra de Deus. (Efésios 6:14-17)

Paulo usa símbolos para sugerir uma realidade substancial. A armadura da qual ele refere-se sobre a maneira de ser forte no Senhor, e na força de Seu poder. A armadura, em resumo, nada mais é do que uma simbólica descrição do próprio Senhor. A armadura é *Cristo* — e o que Ele está preparado para ser e fazer em nossas vidas. Quando Paulo fala das várias partes da armadura, ele está falando de Cristo e de como temos que depender dele e do Seu poder como defesa contra as estratégias do diabo. Não é simplesmente o Cristo que se fez disponível para nós, mas o Cristo do qual nos apropriamos em nossas vidas.

Em Romanos, Paulo afirma este conceito claramente: "mas revesti-vos do Senhor Jesus Cristo e nada disponhais para a carne no tocante às suas concupiscências" (Romanos 13:14). E escrevendo ao seu filho na fé, Paulo diz a Timóteo, "Tu, pois, filho meu, fortifica-te na graça que está em Cristo Jesus" (2 Timóteo 2:1). Essa é a nossa armadura. Cristo é nossa defesa. Por isso nós precisamos estudar esta armadura para aprender como nos revestirmos de Cristo de uma forma prática.

A verdade em geral, eu descobri, não nos ajuda muito. É fácil falar da vida cristã de modo geral e vazio. Às vezes pegamos uma frase fora do contexto nas Escrituras e a usamos quase como um encantamento ou um tipo de passe de magia, mas este é um uso grosseiramente impróprio da Bíblia.

É fácil dizermos a algum cristão que passa por uma dificuldade, "Cristo é a resposta!" É verdade, Cristo é a resposta, mas como Ele é a resposta? O que isto significa em termos práticos? Isto é o que precisamos saber, e é isto que a metáfora da armadura descreve em Efésios 6. Jesus Cristo é a resposta *específica* — uma defesa *específica* contra formas específicas de ataques satânicos.

Antes de olharmos mais especificamente para a armadura, há duas coisas que afloram neste texto, que devemos notar. Primeira, há duas divisões gerais ou classificações das peças da armadura e estas são indicadas pelos tempos dos verbos usados por Paulo.

A primeira divisão cobre as três primeiras partes da armadura, que é algo que já fizemos no passado, se somos cristãos. A Nova Versão Internacional e a Revista e Atualizada de

Efésios 6:14-16 não mostram o tempo do verbo como outras versões, (American Standard de 1901):

> Portanto, fiquem firmes, tendo cingido os vossos lombos com a verdade, e tendo colocado a couraça da justiça e tendo calçado os pés com o evangelho da preparação da paz…

Note a palavra *tendo* enfatizada nesta passagem. Foi algo que aconteceu no passado, não algo que precisaremos fazer no futuro. Nós já temos o cinto da verdade, couraça da justiça e o evangelho da paz!

A segunda divisão encontra-se nos versos 16-17, inclui aquelas coisas que devem ser vestidas agora, neste momento:

> Tomando, sobretudo, o escudo da fé, com o qual podeis apagar os dardos inflamados do maligno. Tomai também o capacete da salvação e a espada do espírito, que é a palavra de Deus.

Temos que tomar estes aspectos de Cristo — o escudo da fé, o capacete da salvação, e a espada do Espírito — novamente e outra vez, sempre que sentirmos o ataque de Satanás.

O segundo item a notar sobre esta armadura é a ordem na qual estas peças nos são dadas por Paulo. Você não pode alterar esta ordem de jeito nenhum. Por exemplo, a razão porque muitos cristãos falham em utilizar a espada do Espírito é porque nunca colocam o cinto da verdade primeiro. Você não pode vestí-la em ordem contrária, as Escrituras são bem precisas neste ponto.

O CINTO DA VERDADE

Agora vamos ver os três primeiros itens que constituem a primeira divisão desta armadura, começando com o cinto da verdade. Este é sempre o início quando você estiver sob ataque. Quando se sentir desanimado, derrotado ou deprimido, você deve começar com "o cinto da verdade preso ao redor de sua cintura".

Os oficiais do exército romano usavam saias parecidas com as dos escoceses. Por cima usavam uma túnica ou mantô que era presa por um cinto na cintura. Quando estavam prontos para entrar na batalha, eles colocavam a túnica debaixo do cinto para que as pernas ficassem livres e desimpedidas para a luta. Colocar um cinto na cintura de alguém (ou como as traduções mais antigas dizem, "cingir os lombos") foi sempre um símbolo de prontidão para a batalha. É por isso que Paulo menciona este item da armadura primeiro. Você não pode guerrear até que tenha o cinto da verdade ao redor do seu corpo.

O que isto quer dizer em termos práticos no nosso dia-a-dia? Simplesmente isto: Quando você for ameaçado pelo desânimo, depressão, apatia espiritual, frieza e sentimentos similares, lute contra, lembrando-se de que você primeiro se tornou um cristão deixando-se circundar pela verdade. Lembre-se que ao vir a Jesus Cristo você encontrou a verdade por trás de todas as coisas, você encontrou aquele que é o Caminho, a Verdade e a Vida, o segredo do universo, a realidade final!

Você encontra a verdade usada naquele versículo um pouco antes nesta mesma carta: "Mas não foi assim que aprendestes a Cristo, se é que, de fato, o tendes ouvido e nele fostes instruídos, segundo é a verdade em Jesus" (Efésios 4:20-21).

Jesus é a verdade, a realidade, o cerne da vida, "em quem todos os tesouros da sabedoria e do conhecimento estão ocultos" (Colossenses 2:3).

Alguns podem dizer, "Muito bem, mas como você sabe isto?" Você diz que crê em Jesus e o aceita sem nenhuma evidência para apoiá-lo. Isto é fé "cega". O fato é que todos nós começamos com um ato de fé, aceitando algum princípio ou pessoa como autoridade final de nossa vida. Pode ser outro líder religioso, outro princípio como o método científico ou talvez nada mais do que "o que eu sinto que é certo".

O que distingue o cristianismo é que Jesus Cristo demonstrou mais claramente o direito de ser aceito como autoridade do que outro líder ou princípio qualquer. O cristão, portanto, arrisca sua vida, no sentido de que Cristo é a autoridade verdadeira, a verdadeira revelação das coisas como elas realmente são. Ele demonstrou objetivamente e confirmou subjetivamente isto a você como cristão.

UMA FÉ CONSCIENTE

Como Jesus demonstrou que Ele era a verdade? Primeiro pelo que Ele disse. Leia Suas palavras e você vai achá-las surpreendentes, profundas e incomparáveis! Ele deu aos seres humanos as explicações mais profundas oferecidas aos seus ouvidos, sobre o sentido da vida. Até Seus inimigos disseram isto. Ninguém viu a vida e a verdade tão claramente como Jesus. Ninguém jamais analisou tão profundamente ou pôs seu dedo tão precisamente sobre os elementos da realidade humana. Você não consegue ler as palavras de Jesus sem ser confrontado com o inegável fato de que Ele *falou* a verdade — Ele era a verdade.

Mas, além disso, Jesus demonstrou a verdade pelo que Ele fez. O relato do Novo Testamento é uma narrativa maravilhosa de atos poderosos e acontecimentos históricos. Milagres? Sim, há indícios da usurpação do reino espiritual — aquele domínio invisível da realidade — no reino visível. E ele nivelou tudo, é claro, mostrando que Ele tinha resolvido um problema que era insolúvel para outro homem — o problema da morte. Ele ressuscitou dos mortos, Ele levantou-se da morte! Quem fez alguma coisa assim? É por isso que eu sei que Jesus Cristo é a verdade — porque Ele resolveu o problema da morte.

É por isso que os inimigos das Escrituras lutam tão ferozmente para destruir as verdades históricas destes acontecimentos. Eles querem que pensemos que não importa se esses acontecimentos foram historicamente verdadeiros. É claro que eles são verdade, e é claro que são muito importantes, pois estes acontecimentos demonstram que Jesus é a verdade.

Mas não é somente pelo que Jesus disse e fez que sabemos que Ele é a verdade. Sabemos pelo que Ele é agora, hoje. O que Jesus é para você? O que Ele é para os outros? Olhe para sua própria vida cristã desde a sua conversão. Ele libertou você? Ele livrou você? Ele quebrou algumas cadeias em sua vida? Ele é seu amigo? Ele trouxe equilíbrio e harmonia para sua vida? Ele lhe trouxe uma qualidade de vida que jamais conheceria longe dele? De todos os homens que já viveram, somente Jesus resolveu o problema da vida e da morte.

Conta-se de um marechal do exército de Napoleão que era supremo devoto do imperador e líder militar da França. Depois que este homem foi mortalmente ferido em combate, ele foi carregado para sua barraca onde passou pela agonia da morte. Ele chamou pelo homem que ele idolatrava e

Napoleão veio à sua barraca. A adoração do moribundo por seu herói era tão grande que ele lhe pediu por sua vida. O imperador olhou sem esperança para o homem e disse, "o que você espera que eu faça?" O marechal moribundo não podia crer no que ouvira! Certamente o imperador não deixaria que ele morresse. "Salva-me, Napoleão! Salva-me!" o homem esbravejou quando Napoleão virou-lhe as costas e saiu da barraca. Napoleão não podia ajudar aquele homem. Não havia nada de divino em Napoleão — ele não tinha poder sobre a vida e a morte. Somente Jesus tem.

Pelos séculos, os homens têm pedido ajuda e clamado pelo nome de outros simples mortais — tudo em vão. Se faltar coragem, o que fazer? Você poderia chamar, "Abraham Lincoln, ajude-me!" Mas isto não faria nenhum bem. Lincoln foi um homem corajoso, mas ele não pode dar-lhe coragem. Se faltasse sabedoria, o que você deveria fazer? Você poderia gritar "me ajude Salomão", mas não adiantaria. Salomão foi um homem sábio, mas ele não pode ajudá-lo. Se você tem falta de eloquência, você poderia gritar, "William Shakespeare, ajude-me!" Mas ele não viria.

Porém, durante 20 séculos, homens e mulheres em desesperada necessidade têm clamado, "Senhor Jesus Cristo, ajude-me!" E a ajuda vem! O livramento vem! É por isso que sabemos que Jesus é a verdade.

Lembre-se que todos os sistemas competidores e conflitantes e as filosofias devem ser testados em *todos* os pontos, não somente em um. Muitas filosofias podem trazer uma ajuda limitada e discernimento em uma ou outra área. Até Karl Marx, desorientado como era, tinha uns poucos grãos de verdade limitada e fragmentária embutida em seu ímpio diagnóstico dos problemas humanos. Porém, a presença ocasional de um discernimento parcial e torrões espalhados de verdade não validam um sistema de ideias ou crenças. A verdade é uma entidade completa. É tudo ou nada. Uma meia verdade não é melhor do que uma mentira completa — e às vezes é até mais falso que uma mentira. Por isso é que as testemunhas no tribunal precisam jurar dizer "a verdade somente a verdade, nada mais que a verdade" — porque a verdade fragmentada produz engano.

A verdade é a realidade. A verdade é a somatória do que as coisas realmente são. Portanto, a verdade é a explicação de todas as coisas. Você sabe que encontrou a verdade ao encontrar alguma coisa que é larga o suficiente, profunda o suficiente e alta o suficiente para englobar todas as coisas. É isto que Jesus Cristo faz.

Além disso, a realidade final nunca muda. Outra marca da verdade, é que a *verdadeira* verdade nunca exige atualização, não precisa ser modernizada. Se um princípio moral ou espiritual foi verdade há dez mil anos, ainda é verdade hoje. Se um princípio é verdade hoje, foi verdade há 100 mil anos.

Uma vez um homem visitou seu velho amigo, um professor de música e disse-lhe de uma maneira bem casual, "Oi, cara! O que há de novo?" Sem dizer uma palavra o velho homem atravessou a sala, pegou um martelinho e bateu num diapasão. Assim que a nota soou, ele disse, "Isto é um 'lá'. É um 'lá' hoje e foi há cinco mil anos e será um 'lá' daqui dez mil anos. O soprano do andar de cima desafina, o tenor no final do corredor semitona nas suas notas mais altas e o piano lá de baixo está fora do tom." Ele bateu na nota de novo e disse, "Isto é um 'lá', meu amigo, e esta é a novidade para hoje!"

Jesus Cristo é imutável; ele é o mesmo ontem, hoje e eternamente. É assim que você sabe que tem a verdade. Lembre-se disto quando se sentir derrotado, quando estiver sob ataque, quando as dúvidas vierem inundar a sua mente. Lembre-se que você já está circundado pelo cinto da verdade, que você encontrou aquele que é a sólida, a imutável Rocha. As palavras do hino expressam isto muito bem:

Em Cristo, a Rocha sólida, permaneço —
O chão ao redor é areia movediça

A COURAÇA DA JUSTIÇA

Agora veja a segunda peça da armadura — a couraça da justiça. Você já a vestiu? "Vestindo-vos da couraça da justiça" — o que isto significa em termos práticos? A couraça da justiça nada mais é do que a sua justiça diante de Deus através do sacrifício de Jesus na cruz. Se você aceitou Cristo como seu Senhor e Salvador, então a couraça da justiça já está sobre você. Pode ficar descansado, pois seu coração e emoções estão perfeitamente guardados e adequadamente protegidos contra ataques.

Os cristãos, por uma ou outra circunstância, muitas vezes perdem sua segurança. Eles se sentem indignos diante de Deus, se acham um fracasso na vida cristã e acham que Deus certamente vai rejeitá-los e que não liga mais para eles. Como cristãos estamos bem conscientes de nossas fraquezas e falhas. Parece que o crescimento está se fazendo muito lentamente. A alegria da salvação parece ter desaparecido e as pessoas duvidam da presença de Deus em suas vidas, de Seu amor por elas ou do perdão de seus pecados. Há um sentimento acusador de culpa. Sua consciência lhes diz que são inúteis e os faz sentirem-se infelizes e miseráveis. Eles sentem que Deus os culpa. Isto é simplesmente um ataque satânico, uma acusação demoníaca e astuciosa, uma mentira planejada para minar o que Deus está fazendo em sua vida.

Como você responde a um ataque como este? Você responde lembrando que já está vestindo a couraça da justiça. Em outras palavras, você não confia nos seus próprios méritos — e confiou. Você nunca teve nada de digno em si mesmo para oferecer a Deus. Você renunciou a tudo quando se entregou a Cristo. Você parou de tentar ser bom o suficiente para agradar a Deus. Você veio ao Pai pelos infinitos méritos de Seu Filho, que morreu por você. Não é a sua justiça esfarrapada, miserável, que cobre o seu coração, mas a justiça sólida e impenetrável de Jesus que é suficiente para desviar qualquer dardo de acusação de Satanás.

É por isso que Paulo começa o grandioso capítulo de sua carta de Romanos 8 com as palavras, "Agora, pois, já nenhuma condenação há para os que estão em Cristo Jesus" (Romanos 8:1). Nenhuma condenação! Você está acreditando numa mentira, se acha que Deus está zangado com você e que Ele o rejeita. Lembre-se que você confia nos méritos de Cristo não nos seus. Mais tarde no mesmo capítulo, Paulo pergunta,

> Quem intentará acusação contra os eleitos de Deus? É Deus quem os justifica. Quem os condenará? É Cristo Jesus quem morreu ou, antes, quem ressuscitou, o qual está à direita de Deus e também intercede por nós. Quem nos separará do amor de Cristo? Será tribulação, ou angústia, ou perseguição, ou fome, ou nudez, ou perigo, ou espada? (Romanos 8:33-35)

É claro que isto não significa que podemos continuar em nossos pecados e que Deus fechará Seus olhos para eles. Ao sermos sinceros ao deixar que Jesus seja o Senhor de nossas vidas, então Deus verá os pecados que ainda tendemos a cometer e dirá, "Este filho meu ainda não aprendeu tudo o que Eu quero lhe ensinar." Quando pecamos, Ele lida conosco como um Pai, com amor e paciente disciplina. Porque Jesus cobre nossos pecados com Seu sangue, Deus olha para nós como um Pai amoroso, não como um juiz bravo.

Veja como o apóstolo Paulo usou esta couraça da justiça quando ele se sentiu pressionado pelo desânimo, e derrota. Você alguma vez pensou nas lutas emocionais que Paulo teve que enfrentar? Ali estava um homem de pequena estatura, inexpressivo em sua aparência, talvez até desfigurado, de acordo com algumas evidências das Escrituras. Ele não tinha presença alguma.

O histórico de Paulo era de um anticristão e ele nunca conseguiu se libertar deste rótulo. Ele fora um dos mais brutais, hostis perseguidores conhecidos pela igreja. Após sua conversão a Cristo, ele sem dúvida encontrou famílias cujos queridos ele tinha brutalmente matado. Ele era constantemente lembrado pelas pessoas que ele não era um dos 12 apóstolos originais, e continuamente colocavam seu apostolado em questão. Ao escrever aos coríntios sobre estas questões, ele disse de si mesmo, "Porque eu sou o menor dos apóstolos, que mesmo não sou digno de ser chamado apóstolo, pois persegui a igreja de Deus" (1 Coríntios 15:9).

Quantos motivos para desânimo! Como teria sido fácil para ele dizer a si mesmo, "Para que tudo isto? Eu estou trabalhando como louco fazendo tendas e tentando pregar o evangelho a estas pessoas. Vejam as bênçãos que Deus derrama sobre elas — mas elas nem ligam! Eles lançam recriminações em meu rosto! Então, para quê? Por que continuar tentando?"

Mas ele não fez isso. O versículo seguinte diz, "Mas, pela graça de Deus, sou o que sou; e a sua graça, que me foi concedida, não se tornou vã; antes, trabalhei muito mais do que todos eles; todavia, não eu, mas a graça de Deus comigo" (1 Coríntios 15:10). Aqui vemos Paulo usando a couraça da justiça. De fato, ele diz: "Eu não me importo o que tenha sido, nem defendo o que sou, eu simplesmente digo que pela graça de Deus, eu sou o que sou. O que eu sou é o que Cristo fez de mim. Eu não me apresento com minha própria justiça mas, na Sua. Sou aceito pela graça, e minha situação pessoal não faz diferença alguma."

Assim o coração de Paulo foi guardado do desânimo. Ele lembrou-se de que quando se tornara cristão, colocara a couraça da justiça. Ele nunca se permitiu ficar desanimado olhando para trás, e sempre olhou para frente, para Cristo.

O EVANGELHO DA PAZ

A terceira parte da armadura é "Calçai os pés com a preparação do evangelho da paz." Os sapatos são essenciais à luta. Imaginem um soldado armado da cabeça aos pés, mas sem sapatos — um soldado descalço! Imagine como a superfície bruta do solo machucaria e feriria seus pés. Embora tivesse todo o resto do equipamento que precisasse, logo ficaria fora de combate. Mas com um par de sapatos fortes e resistentes, e o resto da armadura, o soldado estaria pronto para enfrentar qualquer situação.

Quando Paulo escreve, "calçai os pés com a preparação do evangelho da paz", ele está falando da paz no coração que o torna capaz de lutar. Isto lhe soa contraditório — a paz que nos deixa prontos para a guerra? Não mesmo! O melhor soldado é aquele que está em paz com sua missão, que sabe que luta por uma causa justa, que confia em seus comandantes, que sabe que está bem equipado, que crê que a vitória é certa. É precisamente esta paz que temos quando nos preparamos para lutar contra nosso inimigo! Cristo é nossa paz, nossa fonte de segurança e confiança na batalha. Ele é nossa serenidade em meio ao bramido da batalha espiritual.

Agora note como as três peças da armadura se relacionam entre si — e note também, a importância na ordem em que estão listadas. A primeira peça nos diz que Cristo é a verdade, o segredo final da realidade. Nós chegamos ao lar, nós tocamos o segredo da vida em Jesus Cristo. Isso é algo que a mente precisa entender, aprender e crer.

E então? Então, nós conhecemos Cristo. Apresentamo-nos sob Seus méritos e nos vestimos com a couraça da Sua justiça. Viemos com base no que Ele fez e não no que somos capazes de fazer por nós mesmos. E qual é o resultado? Paz no coração! Paulo diz, "Justificados, pois, mediante a fé, temos paz com Deus por meio de nosso Senhor Jesus Cristo" (Romanos 5:1). Nós temos serenidade e coragem — duas qualidades que são resumidas em uma palavra: *moral*. Como cristãos, nossa moral é elevada. Estamos prontos para tudo. Aonde Ele conduzir seguiremos sem hesitação — mesmo que nos leve aos portões do inferno!

Nos dias de trevas da Inglaterra, durante os ataques repentinos, enquanto choviam bombas sobre Londres e Coventry, a situação era realmente desesperadora. Então, Winston Churchill vinha à rádio e falava aos ingleses quando seus corações estavam tomados pela derrota e desânimo. Muitas vezes eles estavam prontos para desistir, mas a voz daquele homem soava e a nação se enchia de ânimo novamente. A moral de um povo inteiro era elevada e fortalecida. É isto que Cristo faz, Ele traz paz e coragem aos nossos corações.

Veja bem, não é uma batalha contra pessoas, certo? É uma batalha interior, uma batalha no reino dos pensamentos e atitudes. É uma batalha envolvendo suas reflexões e pontos de vista na situação em que você se encontra. Este é o começo. Lembre-se que você está usando o cinturão da verdade. O próprio Jesus é a verdade, o Único digno de ser ouvido. Creia nele, amigo cristão, creia e confie nele! Se você é mesmo um cristão, se você aceitou a Cristo como o único que explica a vida e que vence a morte, então creia no que Ele diz. Aja baseado nisto. Este é o cinturão da verdade.

A couraça da justiça protege as emoções. Você não precisa ficar desanimado. É claro que você falhou no passado. Eu falhei, Paulo falhou, todos falharam. Aquele que veio em carne entende tudo isso. Ele sabe que vamos falhar e Ele sabe que vamos lutar. Ele sabe que nossa experiência vai ser como um sobe e desce de montanha russa e um tempo de batalhas e escaramuças — e Ele sabe que vamos perder algumas delas. Mas Ele nos diz, "Eu já cuidei de tudo; você não precisa se apresentar em seus méritos, mas nos meus. Não desanime, nem se sinta derrotado, nós venceremos! Eu sei o que estou fazendo, Eu sei como guiá-lo, Eu conheço as circunstâncias que você enfrenta — e Eu vou conduzi-lo seguramente através delas."

O terceiro requisito é ter os pés calçados com a preparação do evangelho da paz. Então, lembre-se de quem você é e a quem pertence. Lembre-se que você pertence à família de Cristo. As Escrituras dizem que Ele não tem vergonha de nos chamar de irmãos. Deus não tem vergonha de ser chamado de nosso Pai. Seja forte na Sua força e para Seu próprio bem.

Vestido com estas três peças da armadura, a vitória é quase certa. Você estará devidamente equipado para vencer Satanás se começar com esta primeira divisão da armadura.

Oração

Pai, faze que estas palavras sejam claras, simples, práticas e de ajuda para mim. Que elas venham de encontro às minhas necessidades e me ajudem no conflito em que estou engajado. Que o meu coração se anime pela conscientização de que Ele, que está em mim, é adequado para todas as coisas — até para a batalha espiritual. Lembra-me do cinto da verdade, da couraça da justiça e dos sapatos da preparação do evangelho da paz. Obrigado porque estou seguro e pronto para a batalha!

Em nome de Jesus, aquele que me vestiu com a armadura e que defende o meu coração com Tua justiça, amém.

Capítulo 6

Resistindo ao Diabo

Embraçando sempre o escudo da fé, com o qual podereis apagar todos os dardos inflamados do Maligno (Efésios 6:16).

UM HOMEM CHAMADO TOMÉ tornou-se monge, entrou para o monastério e fez um voto de silêncio. A única exceção para o voto acontecia de dez em dez anos, quando se permitia aos monges dizer uma frase e o silêncio voltava por outra década. Depois de dez anos no monastério, Tomé foi chamado ao escritório do seu superior, que disse, "Irmão Tomé, você tem algo a dizer?"

"A comida é ruim", respondeu o monge. E depois voltou às suas tarefas.

Passou-se uma década. Outra vez Tomé foi chamado ao estúdio de seu superior. "Irmão Tomé", disse o superior, "você tem algo a dizer"?

"A cama é dura", respondeu o monge. E retornou às suas tarefas.

Outra década se passou. Novamente, Tomé foi chamado diante de seu superior. "Irmão Tomé", disse o superior, "você tem algo a dizer"?

"Eu desisto", replicou o monge.

O superior franziu a testa. "Não estou surpreso, você não fez nada além de reclamar desde que chegou aqui"!

Meu amigo em Cristo, não há nada que mais claramente indique que você sucumbiu aos esquemas do diabo do que a reclamação sobre nosso destino na vida. Muitas vezes a Palavra de Deus mostra que a marca de um cristão que aprendeu como *ser* cristão é que ele se regozija em tudo e agradece por todas as coisas.

Entenda bem isto, não significa que Deus quer que nós *apreciemos* cada circunstância de nossas vidas! Nem significa que devemos *fingir* que nos alegramos com tudo o que nos acontece. Não há nada mais sinistro do que um falso sorriso e uma atitude superficial, colocada por certas pessoas, diante das dificuldades, só porque elas pensam que é assim que um cristão deve agir. A verdade das Escrituras é que é genuinamente possível regozijar-se nas dificuldades, mesmo em lágrimas e dor — e não há nada que indique melhor que falhamos em entender o que significa ser um cristão do que uma atitude de reclamação, murmuração, choramingo e pieguice com tudo o que acontece na vida.

Não fique surpreso com o ataque do inimigo. É claro que ele ataca! Esta é sua índole, sua natureza. Não reclame por estar sendo tratado injustamente. A vida é assim: lutas, guerras e ataques satânicos.

Além do mais, Deus permite os ataques do diabo. As Escrituras revelam claramente isto. Ele permite estes ataques porque nós precisamos deles. Nunca cresceríamos ou nos desenvolveríamos adequadamente se não sofrêssemos tais ataques — e assim a vontade de Deus se cumpre em nossas vidas.

A completa execução do plano eterno de Deus não aconteceria se Deus não permitisse que o diabo operasse dentro de sua limitada esfera de atividade. Nunca esqueçamos disso: Deus permite que estas coisas aconteçam. Todos os autores das Escrituras concordam nisto. Pedro diz, "Amados, não estranheis o fogo ardente que surge no meio de vós, destinado a provar-vos, como se alguma coisa extraordinária vos estivesse acontecendo" (1 Pedro 4:12). E o próprio Senhor Jesus disse, "Estas coisas vos tenho dito para que tenhais paz em mim. No mundo, passais por aflições; mas tende bom ânimo; eu venci o mundo" (João 16:33).

Mas isto é o oposto do que normalmente sentimos. Quando atacados tendemos a pensar que algo fora do normal nos acontece, que ninguém passou pelo que estamos passando, que ninguém teve uma depressão espiritual igual à nossa. Mas Paulo diz, "Não vos sobreveio tentação que não fosse humana; mas Deus é fiel e não permitirá que sejais tentados além das vossas forças; pelo contrário, juntamente com a tentação, vos proverá livramento, de sorte que a possais suportar" (1 Coríntios 10:13). Portanto, pare de reclamar sobre o que acontece. É a vontade de Deus para você. Aceite este fato!

Ao invés de assumirmos uma atitude temerosa, choramingona, irritadiça, inquieta, façamos o que a Palavra de Deus nos diz para fazermos quando estas coisas ocorrerem: "Revesti-vos de toda a armadura de Deus, para poderdes ficar firmes contra as ciladas do diabo." Não há outra maneira de lidar com os ataques diabólicos. Não há outra solução para estes problemas básicos humanos.

Dardos inflamados

Lembre-se, entretanto, como vimos nos capítulos anteriores, devemos colocar a armadura na sequência certa. Começamos com o cinturão da verdade, depois a couraça da justiça e então calçamos os pés com a preparação do evangelho da paz.

É um erro começar pela paz, porém, é um erro que a maioria de nós cai facilmente. Quando estivermos aborrecidos ou incomodados com o surgimento dos ataques, primeiramente a nossa tendência é tentar deixar nossos corações em paz. É um grande erro! Não tente evocar qualquer sentimento de paz interior — você só se aborrecerá mais! Então, comece com a verdade, depois a justiça — e como resultado, você obterá a paz. Esta é a sequência certa para nos revestirmos da armadura de Deus.

Em termos práticos, é assim que funciona. Quando o ataque vier, busque a verdade de Deus — a Palavra de Deus e a Jesus, que é a personificação da verdade. Depois se concentre na justiça de Deus, a qual você recebeu através do sacrifício de Jesus Cristo na cruz. Ao responder aos ataques do diabo com o cinto da verdade e a couraça da justiça, você compreenderá que a paz de Deus já está sobre você como um confortável e protetor par de sapatos, assim, você estará preparado e em paz para começar a batalha.

Agora, analisaremos mais de perto esta batalha. Se nós relembrarmos destas grandes verdades, elas deverão deixar nosso coração em paz. Mas sabemos que apesar destas verdades que, com frequência conduzirão nossos corações à paz, haverá momentos que elas não conseguirão fazer isso. Continuamos deprimidos e cheios de dúvidas.

Talvez não haja uma boa razão para nos sentirmos assim. Podemos acordar de mau-humor mesmo que tenhamos ido deitar de bom-humor na noite anterior. Pode haver uma explicação simples para nossa depressão — um desequilíbrio químico ou hormonal no corpo pode causar estes problemas. Assim como a desnutrição, estresse físico, doenças e falta de sono. Mas há momentos em que não há realmente, uma explicação plausível para a nossa depressão — porém, continuamos deprimidos.

Então, o que está acontecendo? Estamos experimentando o que Paulo chamou de "dardos inflamados de Satanás". Estes estratagemas de Satanás nos atingem de várias formas. Às vezes são os pensamentos perniciosos e as fantasias que de repente se intrometem em nosso pensamento, frequentemente na hora mais imprópria. No momento de nossa leitura bíblica; ao nos ajoelharmos em oração; ou ao pensarmos sobre algo intensamente, de repente, um pensamento terrível, lascivo, invade nossa mente. O que é isso? É algum dardo inflamado do diabo! Temos que reconhecê-lo como tal.

Às vezes, estes dardos surgem como dúvidas e até blasfêmias — sentimentos repentinos que neste ambiente de cristianismo, nada mais são do que sonhos fantasiosos.

Talvez sintamos que podemos explicar tudo psicologicamente ou sugerir que Jesus Cristo foi vítima de autoengano. Talvez o mundo não seja da maneira que nos ensinaram a crer que é e as coisas não sejam como a Bíblia ensina. Com certeza, você já experimentou estes momentos de dúvida. Todos os cristãos já tiveram sentimentos repentinos, de que talvez a visão cristã do mundo nada mais seja do que uma inútil fantasia. Novamente, estes dardos flamejantes podem vir na forma de ondas de raiva irracional, ódio, ou medos repentinos e ansiedades, ou simplesmente uma vaga sensação de que as coisas estão erradas. Parece que não conseguimos afastá-las.

Pois então, de onde vêm estes dardos?

Sussurros do diabo

Não importa as formas que estas setas tomem; dardos inflamados de dúvida, tentação, pensamentos maus, seja o que for, sempre surgem da mesma fonte. Eles são dardos inflamados do maligno. E somos os maiores tolos da terra se não os virmos assim e lidarmos com eles como tais. Os dardos inflamados do diabo sempre têm duas características: *(1) Estes dardos parecem surgir de nossos próprios pensamentos, de nosso interior — e nós ficamos chocados e horrorizados de que possamos ter tais pensamentos.*

Mas estes dardos não surgem da nossa própria mente, eles são sussurros do diabo nos nossos ouvidos, nos influenciando. Embora, por ignorância nos culpemos, o diabo é o inimigo e este é o seu esquema para nos enfraquecer e desanimar. Ele quer que nos culpemos e vivamos em vergonha ao invés de em vitória. Ele quer que duvidemos de nossa fé ou de nossa posição como filhos do Deus vivo. Ele quer plantar uma dúvida em nossas mentes para que pensemos, "Eu já devo ter perdido a minha fé ou eu não estaria pensando tais coisas! O que há de errado comigo? Como posso ser um cristão e ter pensamentos assim?"

Por isso, tentamos reprimir o pensamento, empurramo-lo lá para o fundo e o negamos — mas ele ainda está lá, escondido e nos sentimos desonestos e hipócritas porque não o reconhecemos, não o enfrentamos. Isto nos assola na forma de tensão mental e estresse emocional e um sentimento de derrota espiritual. É esse o objetivo do diabo — essa é a sua vitória.

Sentimo-nos incertos e confusos, com frequência, porque estamos convencidos que o oposto da fé é a dúvida. Achamos que se tivermos dúvidas, então não poderemos ter fé — e se tivermos fé, não teremos dúvidas. Falhamos em não reconhecer mais uma mentira do diabo.

A próxima característica do ataque satânico é que *(2) Sempre surgem dúvidas com relação a nossa posição em Cristo — elas atacam o lugar de Jesus em nossas vidas como a verdade, nossa justiça e nossa paz.* Estes dardos são sempre uma insinuação de dúvida sobre essas questões. Elas são ataques nessas áreas da nossa fé.

A estratégia do diabo é sempre esta. Ele questionou Eva no jardim, dizendo: "Deus realmente disse isso…?" e plantou uma implicação de dúvida na mente de Eva. E quando o diabo tentou Jesus no deserto, ele disse, "Se você é realmente o filho de Deus, então transforme estas pedras em pão." *SE!* Aqui de novo há uma insinuação de que estas coisas não são verdade. É assim que o diabo faz surgir a dúvida, gera a culpa e afasta as pessoas do caminho. Estes são os ataques — os dardos inflamados — do diabo.

Apagando os dardos inflamados

Agora, o que devemos fazer? Como combater estes ataques com sucesso? O apóstolo Paulo responde: "embraçando sempre o escudo da fé, com o qual podereis apagar todos os dardos inflamados do Maligno". Note que ele não diz "o escudo da convicção", porque nós já fomos lembrados de nossa crença quando colocamos o cinto da verdade, a couraça da justiça e os sapatos da preparação do evangelho da paz. Esta é a nossa convicção a respeito do que Cristo é para nós.

Mas fé é mais do que isso e é muito importante que a enxerguemos assim. Fé é agir segundo a convicção — convicção em Cristo que é para nós o cinto da verdade, a couraça da justiça e os sapatos do evangelho da paz. Fé é uma decisão, uma ação e resolução alicerçada na convicção que já aceitamos esses três domínios. Vamos examinar cada um deles:

1. Verdade. Fé é dizer, "Sim, eu creio que Cristo é a verdade. Ele é a minha justiça, Ele é minha paz — e sobre esta base, agora exercito minhas convicções no domínio das minhas decisões e comportamento." Fé é exercitar as implicações da convicção. Convicção é generalizar, fé é particularizar. Pela fé tomamos a verdade geral e aplicamo-la a uma situação específica.

Nós podemos dizer, "Porque eu creio que isto é verdade, vou agir assim". Este é o escudo da fé.

Você aprendeu como apropriar-se do escudo da fé quando as dúvidas surgirem? Você diz, "Cristo é a verdade, Ele é a revelação básica da realidade. Ele demonstrou a verdade. Como resultado da minha convicção sobre a verdade, não posso aceitar o pensamento de que o cristianismo é uma farsa. Comprometi-me com Cristo porque fui convencido de que Ele demonstra a verdade totalmente, e nisto estou firmado. Como resultado da minha convicção sobre a verdade, devo rejeitar esta insinuação do diabo."

Você raciocina com a premissa de que Cristo é a verdade? É assim que você argumenta? Nosso problema é que ficamos tão acostumados a crer em nossos sentimentos como se eles fossem fatos, que nunca examinamos, nem questionamos esses sentimentos. Nós nunca os tomamos, olhamos e perguntamos, "Isto é verdade?" Simplesmente dizemos, "sinto assim, então deve ser verdade". Por essa razão tantos cristãos são constantemente derrotados — aceitam seus sentimentos como fatos. Ao contrário, devemos aceitar a verdade de Deus como fato e considerar nossos sentimentos como duvidosos, porque os sentimentos vêm e vão.

2. Justiça. Ao invés de agir com base em nossos sentimentos, temos que agir na premissa que diz, "Cristo é a minha justiça. Estou ligado a Ele, sou um com Ele. Ele é a minha vida e a minha vida é a vida dele, porque eu e Ele estamos unidos, estes pensamentos malignos não podem ser meus. Eles não são meus de jeito nenhum. São pensamentos que surgem por causa de outras forças externas. É o diabo tentando me enfraquecer e derrotar. Não quero estes pensamentos, portanto, eu os rejeito. Eles são produtos do diabo e ordeno que eles voltem de onde vieram e a quem pertencem!

Usar o escudo da fé significa recusar sentir-se condenado, envergonhado ou culpado. Isto significa que ao invés de ficarmos de molho no ódio por nós mesmos, podemos nos aquecer no amor de Deus. Agimos com base no fato, como declarado na Palavra de Deus, de que nada jamais poderá separar-nos do amor de Cristo. Dizemos, "Eu creio na verdade do amor de Deus, não na mentira do diabo." Dúvidas e acusações satânicas não podem coexistir com a maravilhosa realidade do amor de Deus em nossas vidas. Não podemos ter dois tipos de pensamentos ao mesmo tempo. Quando escolhemos enfocar e meditar no amor de Deus em nossas vidas, as mentiras e acusações do diabo devem fugir de nós.

3. *Paz.* Devemos agir sobre esta premissa: "Cristo é o fundamento da minha paz. Portanto, é dele a responsabilidade por me conduzir através de cada situação. Por isso, eu absolutamente não acreditarei neste medo, nesta ansiedade repentina que toma o meu coração. Não creio que isto venha de mim, é enviado pelo inimigo simplesmente para abalar minha confiança em Cristo. É uma tentativa para destruir minha paz e enfraquecer minha eficácia para Deus. Cristo é a minha paz, e Ele é capaz de me sustentar, mesmo em meio aos ataques de inquietantes emoções e pensamentos que são enviados como dardos inflamados do inimigo."

Prova da realidade da fé

O processo que acabamos de examinar é o que o apóstolo Tiago chama de "resistir ao diabo". Em Tiago 4:7, ele escreve, "resisti ao diabo, e ele fugirá de vós". Este é o escudo da fé. Recusar crer na mentira de que se você tem dúvidas, não pode ter fé. Entenda que a dúvida é sempre um ataque à fé — e que *o fato de você ter dúvidas indica que você tem fé!* Fé e dúvidas não são opostas, de maneira alguma. A dúvida é uma indicação da realidade da fé. Portanto, reexamine a base de sua fé e reafirme-a. Lembre-se que os sentimentos não são necessariamente fatos.

Tiago disse que se você se mantiver resistindo ao diabo, ele fugirá de você. Pense nisso! O diabo fugirá de você — você pode por em fuga aquela velha serpente, astuciosa e nojenta. Como? Simplesmente resistindo ao diabo vez após vez; sempre que um pensamento ou dúvida voltar à sua mente. Simplesmente, recuse desistir de sua posição, recuse dar-se por vencido. Mais cedo ou mais tarde — inevitavelmente! — o diabo se renderá e fugirá. Suas dúvidas serão esclarecidas, seus sentimentos mudarão, os ataques cessarão, e você voltará a experimentar o sol da fé, a experiência do amor e a alegria de Deus.

É disso que Paulo está falando quando diz, "embraçando sempre o escudo da fé, com o qual podereis apagar todos os dardos inflamados do Maligno". O escudo da fé basta. É tudo o que você precisa. Você realmente não precisa das outras duas peças da armadura. Pode parecer estranho dizer isto, mas é verdade. Você não precisa de qualquer outra armadura, porque o escudo da fé é capaz de apagar os dardos inflamados do maligno. Se tudo o que você tivesse fosse o escudo da fé, seria o suficiente para essa linha de defesa!

Então por que recebemos mais? Porque Deus nunca quis que fossemos só vencedores. A Bíblia diz que temos que ser mais do que vencedores (Romanos 8:37), temos que ser supervitoriosos! Não somente temos que vencer; mas vencer com triunfos, com vitória e abundantemente. Lembre-se do que João disse, "Filhinhos, vós sois de Deus e tendes vencido os falsos profetas, porque maior é aquele que está em vós do que aquele que está no mundo "(1 João 4:4). E o apóstolo Paulo acrescenta, "mas onde abundou o pecado, superabundou a graça" (Romanos 5:20). Fomos criados para fazer mais do que apenas sermos conduzidos ao céu. Fomos criados para triunfar, ser destemidos, não só para sermos inconquistáveis, mas insuperáveis!

Penso frequentemente nestas palavras de Rudyard Kipling, descrevendo a resposta de uma pessoa madura às tribulações, pressões e tentações da vida:

> Se você puder manter sua cabeça, quando todos
> ao redor estiverem perdendo a sua e o culpando;
> Se você puder confiar em si mesmo quando
> todos os homens duvidarem,
> Dê espaço para a dúvida deles também;
> Se você puder esperar e não se cansar de esperar,
> Ou se mentirem sobre você e você não se
> incomodar com as mentiras.
> Ou se o odiarem, não der lugar ao ódio,
> Mesmo assim, não pareça tão bom, nem fale
> tão sabiamente.
>
> Se você puder sonhar — e não fizer dos sonhos
> seu senhor;
> Se você puder pensar — e não fizer de seus
> pensamentos sua meta;
> Se você puder enfrentar Triunfo e Desastre

E tratar estes dois impostores da mesma forma;
Se você aguentar ouvir a verdade que falou
Torcida por velhacos para fazerem uma
armadilha para os tolos,
Ou ver as coisas pelas quais deu a vida se
quebrarem,
E curvar-se e reconstruí-las com ferramentas
desgastadas;

Se você puder falar às multidões e manter
sua virtude,
Ou andar com reis — sem perder seu jeito
comum;
Se nem as lutas, nem os amigos queridos
puderem feri-lo,
Se todos os homens contarem com você, mas
nenhum em especial.
Se você puder preencher o minuto imperdoável
Com sessenta segundos dignos de uma corrida
em distância,
Sua será a terra e tudo o que nela houver
E — o melhor — você será um homem,
meu filho!

Essa é uma eloquente descrição da vida, e exatamente para isto a Palavra de Deus planeja nos preparar. É isso que significa "ser forte no Senhor e na força do Seu poder".

Oração

Pai, ajuda-me a ser uma pessoa de fé, a conscientizar-me que a Tua Palavra me trouxe a verdade, personificada em Jesus. Não deixe que a minha confiança se aventure por aí, nem que a minha dependência na Tua inabalável Palavra diminua, mas me ensina a confiar em Ti. Reveste-me com Teu poder para que eu possa mostrar ao mundo que esta armadura — o próprio Jesus — é a única armadura que pode manter uma pessoa em pé, em meio às pressões e lutas desta vida.

Eu oro no nome do Senhor Jesus, aquele que é o meu cinto, a minha couraça, os meus calçados do evangelho da paz, o meu escudo, amém.

CAPÍTULO 7

Esperança para MENTES LÚCIDAS

Tomai também o capacete da salvação e a espada do Espírito, que é a palavra de Deus (Efésios 6:17).

A HISTÓRIA REVERENCIA O GRANDE GENERAL E imperador francês, Napoleão Bonaparte, como um dos maiores conquistadores de todos os tempos. Ele conquistou quase 1,9 milhão de km² de território para a França. Adolf Hitler — um nome que se tornou sinônimo de uma tirania sedenta de sangue — também foi um infame conquistador, tirando mais de 3,4 milhões de km² de território dos países vizinhos antes de sua derrota em 1945. O grande conquistador Átila, o Huno, foi um conquistador maior que Hitler, que no auge de seu reinado de terror subjugou 3,6 milhões de km². Ciro, o Grande, Tamerlane e Alexandre, o Grande, conquistaram mais de 5,1 milhões de km² de território cada um. Mas, o maior conquistador de todos reivindicou 12,6 milhões de km², o cruel mongol — Genghis Khan, chefe militar chinês.

Porém, Deus nos diz que Ele nos capacita para realizar coisas maiores do que qualquer um destes conquistadores da história. "Em todas estas coisas, porém", nos diz Paulo em Romanos 8:37, "somos *mais que vencedores,* por meio daquele que nos amou". Não temos nada a temer nem mesmo de um terrível inimigo como Satanás, porque o escudo da fé nos capacita a vencer qualquer coisa que o inimigo atire contra nós. O escudo da fé apagará qualquer míssil inflamado de dúvida, confusão, desilusão e medo.

Mesmo assim, Deus não para por aí. Ele ainda nos concede *mais* equipamento defensivo, para que nos tornemos ainda mais vitoriosos, *mais* invencíveis. Vestidos com toda a armadura de Deus, somos *superconquistadores* e todos os conquistadores que mancharam as páginas da história com sangue humano são nada comparados aos superconquistadores de Deus — você e eu.

Eu estou em Cristo

Antes de considerar as peças remanescentes da armadura, gostaria de sugerir outra perspectiva que pode ajudar a aumentar a compreensão do significado de toda a armadura de Deus. Já vimos que a ideia da armadura é uma analogia ou metáfora para explicar em termos figurados a verdade de quem é Jesus em nossas vidas e, o que Ele quer realizar através de nossas vidas. Mas, o conceito da armadura é também uma expansão da palavra de Jesus aos Seus seguidores, "Naquele dia, vós conhecereis que eu estou em meu Pai, e vós, em mim, e eu, em vós" (João 14:20). Esta é a defesa do cristão contra os ataques espirituais: Jesus dentro de cada um de nós, e cada um de nós dentro de Jesus.

"Vocês estão em mim, e eu estou em vocês". Estas são algumas das palavras mais simples da nossa língua — tão simples que qualquer criança pode entendê-las. São palavras tão curtas, porém englobam uma verdade tão profunda que até imagino, se alguém pode, mesmo remotamente, apreender tudo o que está envolvido nestas simples palavras.

As primeiras três peças da armadura que Paulo descreve — o cinturão da verdade, a couraça da justiça e os sapatos do evangelho da paz — são uma maneira figurada de explicar este conceito, que o próprio Cristo nos deu: O cristão em Cristo e Cristo no cristão. Quando viemos a Jesus Cristo e cremos nele, estávamos "em Cristo". Encontramos uma nova base para a vida, porque descobrimos que Jesus Cristo é o fundamento da verdade, a chave da vida. Na conversão, descobrimos que Jesus nos convida a descansar em Sua justiça, assim não precisamos mais fabricar nossa própria justiça — uma tentativa inútil. Uma vez "em Cristo", a luta para nos justificar acabou, porque a justiça de Jesus nos cobre totalmente.

Na incrível experiência da cruz, Deus transferiu nossos pecados para Cristo e transferiu Sua justiça para nós. Esta é a base de nossa aceitação diante de Deus e a resposta ao problema do pecado humano, da culpa e da vergonha que todos nós sofremos. Foi ali que aprendemos que Cristo é a nossa paz, a fonte de nosso senso de segurança, inteireza, perdão e bem-estar.

Este, então, é o tema das três primeiras peças da armadura: eu estou em Cristo. É por isso que as três primeiras peças da armadura são descritas por Paulo não como algo que precisamos perseguir, mas algo que nós já recebemos. Apropriamo-nos destas três peças da armadura no momento de nossa conversão, momento em que entramos em um novo domínio — "em Cristo".

Cristo está em mim

Agora as três últimas partes da armadura descrevem o que significa para Cristo estar no cristão — Cristo agindo em nossas vidas a cada dia. Estas três peças são muito práticas e importantes para nós, por causa dos problemas, provações e escolhas difíceis que enfrentamos todos os dias. Vimos anteriormente o que significa "embraçando sempre o escudo da fé com o qual podereis apagar os dardos inflamados do Maligno". Muitas vezes experimentamos a fraqueza em nossas vidas porque realmente não embraçamos o escudo da fé! Continuamente tentamos agir sem o escudo protetor da nossa fé. Não fazemos o que Deus manda de forma inteligente e não aplicamos o escudo da fé. Em outras palavras, falhamos ao tirar conclusões práticas do fundamento da fé que aceitamos na conversão.

Há somente duas peças da armadura para explorarmos — o capacete da salvação e a espada do Espírito. Estas duas peças da armadura explicarão o que Jesus quis dizer quando falou, "Eu estou em vocês." Elas nos ajudam a entender o que realmente significa para os cristãos, viver em Cristo.

O CAPACETE DA SALVAÇÃO

Agora devemos examinar o que quer dizer a frase, "o capacete da salvação". A figura de um capacete imediatamente sugere-nos que isto é algo projetado para proteger a cabeça, a inteligência, a capacidade de pensar e raciocinar.

Antes vimos que a couraça era a proteção da nossa vida emocional, do coração. Quando você figuradamente coloca Cristo como sua couraça da justiça, você está assumindo uma posição nele, que o protege do sentimento de culpa e falta de perdão — a fonte mais comum de perturbações emocionais. Por nos sentirmos culpados ficamos perturbados e deprimidos emocionalmente — e Deus nos deu a couraça da justiça para nos protegermos bem nesse ponto de ataque. Os sapatos, como já vimos, nos protegem na área da nossa vontade. Os sapatos do evangelho da paz (Cristo é a nossa paz) criam prontidão e desejo dentro de nós. Aqui são as nossas emoções que são tratadas. Cristo como a nossa paz, nos motiva e nos torna aptos para enfrentar as lutas da vida.

Mas, o capacete é projetado para a cabeça, para a inteligência, para a mente. Se seguirmos consistentemente na aplicação destas três peças da armadura, descobriremos que o capacete representa algo que Cristo está fazendo em, e através de nós no mundo. O capacete pode manter nosso pensamento em ordem e preservar-nos da confusão mental e da escuridão.

Deixe-me perguntar-lhe isto: Ao olhar para o nosso mundo, espiritualmente sem objetivo e moralmente confuso, há alguma coisa que precisemos mais do que um pensamento claro? Há alguma coisa mais relevante para o nosso tempo de desintegração espiritual e moral do que algo que mantenha o pensamento lúcido? Houve outro tempo em que as crenças e ideias humanas estivessem mais caóticas e anárquicas do que neste momento em que começamos um novo milênio? Até os intelectuais do nosso tempo, os "melhores e mais brilhantes" de nossa era, admitem estar absolutamente confundidos pelos perigos sociais, políticos e pelos problemas morais que nossa sociedade confronta.

Pense apenas na contínua complexidade das questões de nossos dias — o aumento das estatísticas do crime, cidades cercadas onde os criminosos estão soltos e os cidadãos escondem-se atrás de grades; crianças negligenciadas e abusadas, crianças submetidas à pornografia; corrupção política e a rampante imoralidade em nosso governo; aumento das taxas de gravidez em adolescentes, pais solteiros, crianças sem pais, aborto, o fervente conflito racial e a guerra entre os sexos; a explosão do terrorismo e a crescente proliferação de armas nucleares, biológicas e químicas; a destruição da família e o crescimento da imoralidade nos lares, na mídia, na internet e assim por diante! Onde isso tudo vai terminar — com o fim da própria civilização?

A mente está simplesmente assoberbada pela perplexidade dos problemas que enfrentamos O grande futurista H. G. Wells, estava em estado de extremo desespero quando escreveu estas deprimentes palavras, no final da Segunda Guerra Mundial:

Muito além de qualquer depressão física, o espetáculo do diabo no mundo — a destruição deliberada dos lares, a impiedosa perseguição de gente decente até o exílio, o bombardeio aberto de cidades, os massacres e mutilações de crianças e pessoas indefesas a sangue frio, os estupros e humilhações chocantes e acima de tudo, o retorno da tortura deliberada e organizada, seja por tormento mental ou por temor, para um mundo, do qual tais coisas tinham sido banidas — tudo isto quase destruiu o meu espírito por completo.

E ouçam esta surpreendente afirmação feita por George Bernard Shaw:

A ciência sobre a qual coloquei minha fé está falida. Seus conselhos, que deveriam ter estabelecido o milênio, ao contrário, levaram diretamente ao suicídio da Europa. Eu cri neles uma vez. Em seu nome ajudei a destruir a fé de milhões de adoradores em templos de milhares de credos. E agora eles olham para mim e testemunham a grande tragédia de um ateu que perdeu sua fé.

Que confissão reveladora de confusão mental e trevas de um dos maiores líderes do pensamento do século 20! Neste mundo caótico não há proteção para a mente humana.

A SALVAÇÃO FUTURA

Mas o cristão tem o capacete da salvação. "Sim", você diz, "e o que é isto? O que é este capacete, esta proteção, que mantém nosso pensamento em ordem, no meio de um mundo confuso, caótico?" Paulo responde: É o *capacete da salvação*.

O que Paulo quer dizer? Ele não está falando da salvação da alma. Ele não está se referindo à salvação como regeneração ou conversão. Em outras palavras, ele não está olhando para trás, para o momento da conversão. As três primeiras peças da armadura fazem isto, mas as três peças seguintes incluindo o capacete da salvação, miram para frente, não para trás. Paulo está falando sobre a salvação que será um acontecimento futuro. É exatamente a isto que ele se refere, quando diz: "a nossa salvação está, agora, mais perto do que quando no princípio cremos" (Romanos 13:11).

Este capacete da salvação é depois definido para nós, pois Paulo escreveu: "Nós, porém, que somos do dia, sejamos sóbrios, revestindo-nos da couraça da fé e do amor e tomando como capacete a esperança da salvação" (1 Tessalonicenses 5:8). Aqui, salvação é uma esperança, algo ainda no futuro, algo ainda não possuído, nem desvendado completamente. Este tempo futuro da salvação é descrito para nós em várias passagens, mas é discutido melhor, em Romanos:

> Porque sabemos que toda a criação, a um só tempo, geme e suporta angústias até agora. E não somente ela, mas também nós, que temos as primícias do Espírito, igualmente gememos em nosso íntimo, aguardando a adoção de filhos, a redenção do nosso corpo. Porque, na esperança,

fomos salvos. Ora, esperança que se vê não é esperança; pois o que alguém vê, como o espera? Mas, se esperamos o que não vemos, com paciên--cia o aguardamos (Romanos 8:22-25).

Do que Paulo está falando? Do dia do retorno de Cristo, do dia quando a criação será liberta da escravidão pelo retorno de Cristo para estabelecer o Seu reino. Este capacete, portanto, é o reconhecimento de que todos os esquemas humanos para obter a paz e a harmonia mundial estão fadados ao fracasso — mas o plano de Deus se move em frente, no tempo planejado. Jesus Cristo está voltando e Ele aparecerá outra vez, e Ele *estabelecerá* Seu próprio reino com justiça na terra. Esse é o capacete da salvação que manterá o seu correto pensar na hora de maior confusão e escuridão do homem.

O princípio da obra de Deus é declarado várias vezes na Escritura. Está ali para todos que a lerem. "Para que nenhuma carne", diz Deus, "se glorie perante ele" (veja 1 Coríntios 1:29 RC). Em outras palavras, nada do que o homem se orgulha vai contribuir um "iota" para a verdadeira solução do dilema humano. Tudo depende de Deus. Ele vai estabelecê-la — e não há sabedoria, conhecimento, psicologia, nem ciência humana que possa contribuir para ela. De acordo com os relatos das Escrituras, tudo de que a humanidade se orgulha e coloca sua confiança, vai virar poeira. Tudo que pode ser sacudido será sacudido, e somente aquelas coisas que não podem ser abaladas permanecerão. O que não pode ser estremecido são as coisas de Deus. Ninguém se gloriará perante Ele.

Mas esta não é toda a ideia. Não pare aqui. Se você fizer isto, cairá no extremismo pelo qual o diabo nos mantém em desequilíbrio e excêntricos em nosso pensar. Deus está trabalhando através destes acontecimentos da história, mas Ele está trabalhando Seus propósitos em base totalmente diferente dos objetivos e metas dos seres humanos. Esse é o capacete da salvação. Não devemos ser levados pelas expectativas irreais e infundadas do mundo, colocando nossa confiança nas soluções políticas, programas sociais, ou avanços científicos para resolver os problemas da humanidade. Devemos colocar nossa confiança no plano de Deus somente.

Porém, ao mesmo tempo, não devemos nos retirar do mundo e nos isolarmos de seus problemas. É aqui que temos de manter nosso equilíbrio. Embora as soluções políticas nunca produzam a Utopia, devemos exercitar nossos direitos e responsabilidades como bons cidadãos e eleitores para apoiar um governo moral, ético e piedoso. Embora os programas sociais nunca produzirão a Utopia, devemos estar envolvidos na busca da satisfação das necessidades humanas, alcançando as pessoas na profundidade de sua dor, fome, nudez, encarceramento, e perda, porque nestas situações elas estão com o coração mais aberto para a solução final de seus problemas — a salvação através de Jesus Cristo. Embora a ciência nunca possa produzir a Utopia, devemos usar cada meio moderno — do vídeo à TV por satélite, até a Internet — para proclamar a verdade do plano de Deus para um mundo faminto da verdade.

Os cristãos devem envolver-se nos acontecimentos mundiais — mas estamos envolvidos por razões inteiramente diferentes das razões do mundo. Os cristãos devem envolver-se para cumprir o plano de Deus de alcançar cada coração humano em todos os cantos da terra com as boas-novas da salvação em Jesus Cristo. Se você mantiver o plano eterno de Deus em mente, sempre, isto poupar-lhe-á muito sofrimento e temor ao ler os jornais diariamente. Quando você vir o caos no mundo, saberá que até a desordem que Satanás procura agitar está sendo usada para favorecer o plano de Deus e trazer Seu reino cada dia mais próximo. Embora fiquemos chocados cada vez que abrimos o jornal ou assistimos notícias, Deus nunca se surpreende, pois Seu plano está conforme a Sua agenda.

Por que mentes pensantes como as de H.G. Wells e George Bernard Shaw ficam tão desnorteadas com aquilo que encontram na vida? Porque colocam suas esperanças em empreendimentos humanos falíveis e inseguros — no conhecimento, na educação, na política e ciência. Escrevendo a respeito de H. G. Wells, o deão da Universidade de Melbourne disse:

> Ele aclamou a ciência como a panacéia para todas as enfermidades e como a deusa do conhecimento e do poder. Na série de romances populares de ficção ele visualizou o iluminado *Shape of Things to Come* (A forma das coisas que virão, adaptado para o filme Daqui a Cem Anos). Em *Food of the Gods* (O Alimento dos Deuses) ele descreveu um futuro de homens mais fortes e melhores. Ele falou de um mundo planejado, de eugenia, de trabalho mecanizado, de dieta e educação científica.

Como ainda ouvimos estas ideias sendo proferidas nos nossos dias! Mas todos os esforços humanos para atingir o Nirvana, a Utopia, o Shangrilá e o Céu na Terra, estão fadados ao fracasso! Estes sonhos grandiosos são construídos sobre as nuvens, numa teia de aranha, numa ilusão bruxuleante. E quando a ilusão muda de forma, como eventualmente todas as ilusões mudam, seus castelos nas nuvens desmoronam. Este padrão se repete na história por mais de 20 séculos — os homens construindo sobre bases instáveis, temporárias e efêmeras, ao invés de bases inabaláveis que permanecem para sempre, como as Escrituras testificam.

A SALVAÇÃO SE APROXIMA — E ESTÁ TRABALHANDO AGORA!

Então, como cristãos, temos o capacete da salvação. Temos uma esperança para o futuro. Entendemos que Deus está trabalhando Seus propósitos e, portanto, não somos perturbados quando os programas humanos dão errado e tudo fracassa. Não somos surpreendidos quando todos os planos e programas para o progresso humano terminam no mesmo velho monte de cinzas — O Novo Acordo e o Acordo Justo, A Grande Sociedade e a Nova Ordem Mundial. Aprendemos a esperar por guerras e rumores de guerras, até o final dos tempos. *Esperamos* que falsos ensinamentos e filosofias, cultos e heresias se multipliquem. Disseram-nos que todas estas coisas acontecerão.

Por isso não estamos surpresos, não estamos em pânico, nem debandamos por causa dos acontecimentos. Sabemos que tudo ao nosso redor — toda a revolta ética e caos moral — será resolvido pelo programa de Deus. Podemos viver sem medo num mundo de temor e terror porque sabemos que Deus está se movendo na história e nada que acontece pode perturbar ou atrasar Seu plano.

O cristão sabe que as guerras são inevitáveis, embora todo esforço deveria ser feito para evitá-las — e que não há contradição nisto. O cristão sabe que a guerra é loucura e que nada é realmente resolvido por ela. Mas ele sabe também que estamos vivendo num mundo louco, um mundo que está iludido pelas mentiras satânicas, sedosas, sutis que são planejadas deliberadamente para destroçar e mutilar os corpos e almas dos seres humanos.

O mundo está em tal estado e condição que apesar do cristão saber que é chamado para fazer todo o possível para prevenir e aliviar o sofrimento humano, o inocente e o fraco *sofrerão* e às vezes nada pode ser feito. A culpa recai diretamente na teimosa recusa das pessoas, em todos os lugares, de abordar a verdadeira natureza do problema e aceitar o remédio que o amor de Deus já providenciou abundantemente. O cristão sabe que as forças demoníacas podem erguer-se e possuir o mundo de tempos em tempos, e que todo esquema humano para controlá-las, por fim fracassará.

Deus nos perdoe, pois muitas vezes parecemos despreocupados e alheios à dor e à perturbação do mundo. Parecemos pensar tanto nas coisas celestiais que não damos a mínima para o que acontece na terra! O nosso desejo é que todo mundo vá para o inferno e dizemos, "Que me importa? Eu vou para o céu mesmo!" É tempo de pedir a Deus que restaure dentro de nós um equilíbrio piedoso, no qual nos preocupemos com o destino do mundo sem nos paralisarmos pelo medo. É tempo de arregaçarmos as mangas e fazer de tudo para resgatar os que amam as coisas do mundo, dos horrores do futuro. É hora de deixarmos claro às pessoas ao nosso redor que a Utopia é uma fraude e uma fantasia, e que o céu é real e está ao alcance.

Mesmo sabendo que o mundo está condenado, não ficamos sem esperança, não nos resignamos, não somos fatalistas, nem estamos desesperados. Apesar de não termos esperança na humanidade, temos toda a esperança em Deus. É por isso que não desistimos da vida — estamos totalmente engajados! É por isso que não nos retiramos nem construímos cápsulas hermeticamente fechadas de cristianismo e deixamos o mundo lá fora — nós estamos envolvidos no mundo! É por isso que não lutamos as batalhas deste mundo nas condições do mundo — nós lutamos nas condições de Deus! Por isso que não desejamos que o mundo vá para o inferno — apontamos o caminho para o céu!

O capacete da esperança da salvação não só nos diz que estas coisas estão acontecendo e acontecerão, mas que uma salvação certa e indubitável está vindo — e ela já está acontecendo agora! É isto que precisamos saber, não simplesmente que a história vai se cumprir de maneira certa no final, mas que o final já está acontecendo *agora mesmo!* A história não é uma bagunça sem significado, mas um padrão controlado e o Senhor Jesus Cristo é aquele que dirige estes acontecimentos. Ele é o Senhor da história.

Além disso, como já vimos nos Evangelhos, Jesus seria um oponente formidável para qualquer um que usasse hipocriticamente uma causa para a obtenção de seus próprios propósitos, ou para induzir ao erro e macular as mentes e os corações dos outros. Diante de Pilatos, Jesus disse "O meu reino não é deste mundo. Se o meu reino fosse deste mundo, os meus ministros se empenhariam por mim, para que não fosse eu entregue aos judeus; mas agora o meu reino não é daqui" (João 18:36).

Em outras palavras, "Eu não sou ameaça para você, Pilatos. Meu reino não é deste mundo. Eu não estou envolvido em nenhum movimento político para derrubá-lo. Sim, eu sou um rei — mas em nenhum sentido político. Sim, eu estou envolvido na história — mas o meu plano é maior e tem um prazo muito mais longo do que você imagina. Eu não estou simplesmente movendo os acontecimentos do governo da Palestina ou do governo de Roma, mas do governo do universo inteiro, em todo tempo e lugar."

Jesus não é amigo deste movimento ou daquele partido político. Ele é hoje o que sempre foi: o Amigo dos pecadores.

Esperança negligenciada, esperança abandonada, esperança restaurada

Uma das principais razões para a igreja estar confusa nestes dias, uma das razões da igreja dizer tão pouco de verdadeiro significado ao mundo, é que ela em geral negligenciou e abandonou, a esperança da vinda do Senhor. Poucos sermões abordam este assunto, pouco se diz sobre isto. Não se dá tempo para se considerar o que significa esta esperança e porque ela é anunciada tão frequente e claramente nas Escrituras. Grande parte das Escrituras que falam da esperança da volta do nosso Senhor são simplesmente ignoradas pelos cristãos.

Como resultado, o nosso pensamento torna-se desordenado e confuso. A igreja não sabe que lado apoiar ou em que lado permanecer. Nada tem para dizer. No máximo, a igreja atual faz uma chamada incerta e não encoraja ninguém a entrar nesta batalha, e pouco faz para encorajar os corações.

Deus, em Sua Palavra, nos chamou a lembrarmos aos outros e a nós mesmos da vinda do Senhor. Quantas vezes Jesus diz: "Vigiem e estejam prontos para aquela hora." Devemos viver diariamente na esperança e aguardando aquele momento triunfante. A batalha não é nossa, mas do Senhor. Frequentemente pensamos nesta grande batalha contra o diabo e seus anjos, contra os principados e potestades, contra as ciladas do diabo, como se ela fosse primariamente uma batalha particular entre nós e o diabo. Não! Esta batalha é do Senhor!

É verdade, a batalha brame ao nosso redor e dentro de nós. Ela traz tempestades dentro de nossas igrejas, de nossas casas, nossos trabalhos, nossa vizinhança, nossos relacionamentos com nossos companheiros humanos. Mas, quando Satanás nos assalta com um ataque-relâmpago, devemos nos lembrar que a batalha não é nossa, mas do Senhor. Somos unidades individuais lutando num grande exército. A causa final é certa e o fim é certo. Não precisamos nos incomodar com todos os acontecimentos terríveis que acontecem ao nosso redor e no noticiário noturno, nem com a luta que se enfurece dentro de nós. Nosso Senhor e comandante já venceu.

Ainda que possamos ser duramente pressionados em nosso domínio imediato nesta batalha, a causa nunca está em dúvida. O fim é absolutamente certo; o resultado é certo. Não é uma luta entre nós e o diabo, mas uma luta entre Cristo e Satanás. Cristo está sempre trabalhando na vida humana e na sociedade. Ele trabalha através do Seu corpo, a igreja cristã, para curar e ajudar, para amar e compartilhar, até aquela manhã sem nuvens, quando o dia romper, e toda sombra se dissipar.

Você está amedrontado com os acontecimentos mundiais? Permita-me uma confirmação: Vai ficar muito pior! Jesus disse que o coração dos homens os desapontaria por medo, por causa das coisas que acontecerão na face da terra. "Que confirmação!" você diz. Mas é verdade — quanto pior a situação, mais próximo está o retorno do Senhor. Nosso trabalho é esperarmos Sua volta e estarmos preparados para ela. Nosso trabalho é orar, servir, obedecer e estar prontos. Pois se as coisas ficarem piores, mais próxima está a nossa libertação!

Se você acha difícil aguentar agora, se os acontecimentos mundiais geram em você um sentimento de perda, você aguentará quando a escuridão aumentar, quando a causa parecer sem esperança e a situação do mundo piorar? Esta é a hora quando devemos ter a esperança da salvação — o capacete da salvação que protege a mente. O escritor de Hebreus diz, "Todas as coisas sujeitaste debaixo dos seus pés. Ora, desde que lhe sujeitou todas as coisas, nada deixou fora do seu domínio. Agora, porém, ainda não vemos todas as coisas a ele sujeitas; vemos, todavia, aquele que, por um pouco, tendo sido feito menor que os anjos, Jesus, por causa do sofrimento da morte, foi coroado de glória e de honra, para que, pela graça de Deus, provasse a morte por todo homem" (Hebreus 2:8-9). É esta a esperança que sustenta a mente em todas as horas de pressão.

Aqui nesta nossa favorecida terra, temos tanto pelo que podemos dar graças a Deus. Em sua graça Deus tem nos concedido que sejamos relativamente livres de muitos sofrimentos e privações que vemos em outros países. Há grandes áreas do mundo onde a fé não pode ser expressa abertamente, onde a escuridão é muito maior do que aqui, onde as forças do mal caminham pela terra sem oposição e nada parece levantar-se em seu caminho. Apesar de nosso governo constitucional, não há garantia de que a liberdade que agora usufruímos será sempre nossa, e você e eu podemos enfrentar, algum dia, a mesma perseguição que vemos hoje em outras terras.

O que os cristãos fazem naqueles lugares? Eles só podem fazer uma coisa: Devem colocar o capacete da esperança da salvação. Isto os mantém no caminho, e os dirige nas causas para as quais se entregam. Ele lhes dá avisos e conselhos sobre como devem concentrar seus esforços e no que devem investir seu tempo, dinheiro e iniciativa.

O capacete da salvação pode fazer o mesmo por nós. Não podemos sucumbir à ilusão do mundo — a crença de que o esforço humano pode trazer a redenção, a salvação e a solução de todos os problemas humanos. Há quanto tempo o mundo tem se agarrado a este sonho fútil? Leia os escritos dos antigos filósofos gregos e você verá que eles diziam as mesmas coisas e sonhavam os mesmos sonhos utópicos naquele tempo. Quanto mais se volta na história humana mais se confirma que as pessoas perseguiam esta esperança ilusória, de que alguma forma de céu poderia existir aqui na terra.

Mas Deus nunca disse isto. Consistentemente, por toda Escritura, Ele nos diz que o homem pecador é incapaz de resolver seus próprios problemas. Somente a esperança da salvação pode manter nossas mentes e corações calmos e imperturbáveis no dia da batalha, no dia da escuridão.

Oração
Pai, obrigado por conceder-me o capacete da salvação, a esperança de Tua justiça e paz definitiva — uma esperança que será satisfeita no dia do retorno do Senhor. Sei que as coisas não estão tão ruins como poderiam estar, nem mesmo tão ruins como ficarão. Mas Te agradeço pela constante certeza que me dás, de que mesmo quando as coisas piorarem e os dias tornarem-se mais escuros, e os corações dos homens esfriarem, nada está fora do Teu plano. Tu

nunca és surpreendido ou pego distraído. A batalha é Tua, não minha. Obrigado pela certeza de que estou firmado no poder de Jesus e na força do Teu poder. Obrigado porque minha esperança não está em algum programa banal ou método humano, mas em Teus eternos propósitos.

No nome daquele cujo retorno ansiosamente espero nosso Senhor Jesus Cristo, amém.

CAPÍTULO 8

Esgrima ESPIRITUAL

Tomai também o capacete da salvação e a espada do Espírito, que é a palavra de Deus (Efésios 6:17).

O FLASH BRILHANTE DO AÇO NA luz do fogo! As batidas de metal contra metal, lâmina contra lâmina! Sarcasmo de um a outro espadachim, quando dois determinados oponentes colocam à prova juízos, assim com espadas! Este é o ingrediente para uma grande história de aventura! Aqui, por exemplo, está uma passagem de uma clássica aventura de capa-e-espada de Alexandre Dumas, *Os Três Mosqueteiros:*

> "Qual o seu nome, meu bravo companheiro?" disse Athos.
>
> "D'Artagnan, senhor".
>
> "Bem, então, Porthos, Athos, Aramis e D'Artagnan, adiante!" gritou Athos.
>
> "Venham, cavalheiros, vocês decidiram?" Gritou Jussac...
>
> "Estamos a ponto de ter a honra de atacar você", replicou Aramis, levantando seu chapéu com uma mão e desembainhando sua espada com a outra:
>
> "Ah! Você resiste, hein?" Gritou Jussac.
>
> "Isso te espanta?"
>
> E os nove combatentes se arremeteram uns contra os outros com uma fúria que, no entanto, não excluiu certo grau de método... D'Artagnan pulou na direção de Jussac... Este era um bom espadachim e tivera muita prática; no entanto, toda a sua habilidade era requerida para defendê--lo de um adversário que ativo e energético, abandonava a cada instante as regras recebidas,

e o atacava de todos os lados e de uma vez, e ainda se esquivava como um homem que tinha o maior respeito por sua própria epiderme.

O combate finalmente esgotou a paciência de Jussac. Furioso por ter sido controlado por alguém que ele considerava um menino animou-se e começou a cometer erros. D'Artagnan, que apesar da pouca prática tinha uma ótima teoria, redobrou sua agilidade. Jussac, ansioso para colocar um final na disputa, saltou para frente, preparou uma estocada para seu adversário, mas ele se esquivou; e enquanto Jussac se recobrava, deslizando como uma serpente sob sua lâmina, ele atravessou sua espada através de seu corpo. Jussac despencou-se ao chão, morto.

Esta disputa de esgrima é uma ficção, mas aqui, rasgada das páginas da história, está uma breve, mas eletrizante passagem de uma crônica atemporal dos bucaneiros, do *Livro dos Piratas,* de Howard Pyle:

> De repente, a boca da pistola estava apontada diretamente para a cabeça do tenente. Instintivamente ele esquivou-se, golpeando para cima com seu cutelo. Um estrondo ensurdecedor quase atingiu seu ouvido. Ele novamente golpeou às cegas com seu cutelo. Ele viu o brilho de uma espada e abandonou sua posição de defesa quase que instintivamente, colidindo com a batida da lâmina descendente. Alguém atirou por trás dele e no

mesmo instante ele viu alguém atacar o pirata. Blackbeard cambaleou novamente [...] desabou e caiu. O pirata ficou deitado imóvel por um tempo — então rolou — e aquietou-se novamente.

Os aficionados por aventuras, pelos séculos afora, são fascinados por espadas e esgrima — dos sabres robustos dos antigos romanos e gregos aos finos espadins dos Três Mosqueteiros, aos cutelos curvos e maléficos dos piratas como Blackbeard. Ao chegarmos à última peça da armadura que Paulo lista em Efésios 6, descobrimos que esta peça é "a espada do Espírito, que é a Palavra de Deus". Portanto, aprendemos que a destreza com a espada, é uma parte essencial da vida cristã.

Mas o duelo para o qual Deus nos chama em Efésios 6:17, não é uma aventura romanceada, uma aventura fanfarronada de vilões gargalhantes, heróis impetuosos e espadas cintilantes. A espada do Espírito é uma peça da armadura prática, planejada para nos fortalecer para a batalha real que temos que enfrentar a cada dia.

A ESPADA É CRISTO

Começamos nosso estudo sobre a espada espiritual destacando o fato de que a espada do Espírito é Cristo. Jesus Cristo é a nossa vida, se somos realmente cristãos e Deus disponibilizou Seu Filho de uma maneira prática, no dia-a-dia, como diz Sua Palavra. Não posso enfatizar demais este fato, é fácil ter um sentimento vago do que significa seguir Cristo sem saber em termos específicos e concretos o que isto significa. É por essa razão que a Palavra de Deus nos foi dada — a verdade cristã no todo é mais do que podemos lidar com ela, mas as promessas individuais das Escrituras tornam o cristianismo manejável e prático. Escrevendo aos Colossenses Paulo diz,

> Habite, ricamente, em vós a palavra de Cristo; instruí-vos e aconselhai-vos mutuamente em toda a sabedoria, louvando a Deus, com salmos, e hinos, e cânticos espirituais, com gratidão, em vosso coração (Colossenses 3:16).

Aqui Paulo indica que a autoridade de Jesus Cristo e a autoridade das Escrituras são uma e a mesma. Há muitos que discutem isto hoje. Há muitas vozes nos dizendo que nós como cristãos devemos seguir Cristo e aceitar a autoridade dele, mas não precisamos aceitar a autoridade da Bíblia. Mas Paulo responde a isso chamando as Escrituras de "a palavra de Cristo". Você não pode separar uma da outra.

Uma vez estive num encontro de pastores onde ouvimos um professor cristão apresentar um excelente trabalho sobre "Ciência e a Fé Cristã." Após terminar a palestra, perguntas foram feitas pelos presentes. Um homem disse, "Eu posso aceitar que a Bíblia seja o testemunho de certos homens sobre o que eles pensavam de Jesus Cristo. Mas parece que você vai mais longe. Você usou a palavra 'inspirada' em várias ocasiões em seu trabalho, o que parece sugerir que em sua opinião a Bíblia é mais do que a visão de homens, que ela tem autoridade divina. Isto é verdade?"

Aquele professor deu uma resposta muito sábia, "Minha resposta pode parecer para você como uma propaganda de Escola Dominical, mas só posso explicar assim: o centro da minha vida é Jesus Cristo, descobri que Ele é a chave para tudo o que desejo na vida. No entanto, nada poderia aprender de Cristo se não aprendesse através da Bíblia. Como eu posso separar um do outro?"

Com constrangimento considerável aquele homem abaixou sua mão e mudou de assunto.

A autoridade das Escrituras é a autoridade de Jesus Cristo — são inseparáveis. Tentar separar os dois é como perguntar qual das lâminas de uma tesoura é mais importante ou qual perna de uma calça é mais necessária. Conhecemos Cristo através da Bíblia e entendemos a Bíblia através do conhecimento de Cristo — os dois não podem ser separados. É por isso que Paulo a chama de "a palavra de Cristo".

AS DECLARAÇÕES DE DEUS

Dito isto, é importante entender claramente o que Paulo diz — e o que não diz — com a frase, "a espada do Espírito, que é a palavra de Deus". É importante ressaltar que Paulo não se refere a Bíblia completa quando ele diz "a Palavra de Deus". Há duas palavras que são usadas nas Escrituras no original em grego para "a Palavra de Deus". Há uma palavra familiar em grego, logos, que é usada no verso de abertura do Evangelho de João, "No princípio era o *Logos* [Palavra], e o *Logos* estava com Deus, e o *Logos* era Deus". Depois há outra palavra, usada com menor frequência, *hrema*, que é um pouco diferente da primeira.

A palavra *logos* se refere à expressão oral de Deus, a completa revelação do que Deus disse. A segunda palavra, *hrema*, significa uma declaração específica de Deus, uma passagem ou um verso que tem uma aplicação especial a uma situação imediata. Isto implica em usar a Palavra de Deus a uma experiência específica em nossas vidas.

A segunda palavra, *hrema*, é a usada aqui. A "espada do Espírito" é uma declaração de Deus aplicada a uma situação específica em sua vida. Essa é a grande arma colocada nas mãos do cristão. Talvez você já tenha experimentado isto. Às vezes, quando você está lendo uma passagem das Escrituras, as palavras, de repente, parecem ter vida, com carne e ossos, e saltarem da página até você. Às vezes, parecem criarem olhos que o acompanham por onde você for, ou desenvolvem uma voz que ecoa nos seus ouvidos de tal modo que você não consegue escapar delas. Talvez você tenha tido a experiência em algum momento de tentação ou dúvida, quando é atacado pelo que Paulo chama de "dardos inflamados do diabo", uma passagem das Escrituras lhe vem à mente, num lampejo.

Aquela passagem das Escrituras é o *hrema* de Deus para você.

Ou talvez lhe fizerem uma pergunta em um momento desprevenido e você estava a ponto de dizer, "Eu não sei", quando subitamente teve um momento de iluminação e uma palavra das Escrituras veio à sua mente trazendo a resposta. Talvez esta experiência tenha acontecido enquanto você estava sentado numa reunião onde alguma mensagem tocou seu coração, com um efeito poderoso fora do normal. Você sentiu o agir de Deus e naquele momento fez uma decisão significativa e duradoura.

A revelação daquela palavra da Escritura foi o *hrema* de Deus para você.

A palavra de Deus, *hrema* em sua vida, é chamada de "a espada do Espírito" porque não somente ela foi originada pelo Espírito como autor da Palavra, mas ela volta à sua mente pelo Espírito, que a torna poderosa em sua vida. É Sua resposta específica, bem escolhida ao ataque do diabo. Como um esgrimista com uma espada confiável em sua mão, o Espírito traz uma brilhante, afiada, bem polida palavra às nossas mentes para nos defender da estocada do diabo.

O ÚNICO ATAQUE

Até este ponto, todas as peças da armadura examinadas, são de natureza defensiva. O cinto, a couraça, os sapatos, o capacete e o escudo todos foram planejados para protegê-lo contra ataques e danos. Mas a espada é útil para defesa e ataque. Assim, é com a espada do Espírito, a Palavra de Deus. Como uma espada, a Palavra é útil para defesa e ataque. Na verdade é a única parte da armadura de Deus que pode ser usada para o ataque. Ela nos protege dos ataques, pois pode ser usada para evitar e esquivar as perversas estocadas do inimigo — mas vai além, pois ela também pode ser usada para atravessar outros corações humanos com a verdade e para retalhar e matar as mentiras do diabo em outros além de nós. Esse é o grande resultado do seu uso.

A Palavra é a única arma defensiva adequada na armadura cristã. Temos que proclamar a verdade, não precisamos defendê-la. Não precisamos sustentar a palavra com longos e extensos argumentos. Há um lugar para isso, mas não num encontro com aqueles que não creem. Somos chamados para simplesmente proclamar e declarar a verdade.

As Escrituras dizem em Hebreus: "Porque a palavra de Deus é viva, e eficaz, e mais cortante do que qualquer espada de dois gumes, e penetra até ao ponto de dividir alma e espírito, juntas e medulas, e é apta para discernir os pensamentos e propósitos do coração" (Hebreus 4:12). Ela corta a dura armadura da arrogância humana, da racionalização intelectual, do agnosticismo e do ateísmo, pecado e orgulho, e faz morada no coração. A espada do Espírito não precisa de defesa, porque ela é sua própria defesa e também seu próprio ataque. É a sua própria fonte de poder porque ela é a Palavra viva e ativa de Cristo.

É este o poder ofensivo da Palavra que explica porque a Bíblia está constantemente sob ataque. Por séculos, os inimigos do evangelho impelidos pelo diabo, têm tentado destruir a Bíblia. Às vezes, este esforço foi dirigido para eliminar completamente a Bíblia da face da terra. Em outras ocasiões, os inimigos da Bíblia tentaram destruir seu significado atacando-a intelectualmente ou ridicularizando-a. Em nossos dias, o principal meio de ataque tem sido enfraquecer seu significado nas mentes das pessoas — atacar e ridicularizar a Bíblia na mídia, nas artes, nas escolas e universidades, e até mesmo nas igrejas que praticam uma teologia liberal, humanista. Com palavras inteligentes e argumentos sutis, o diabo fala através de pessoas inteligentes e proeminentes para embotar, torcer e incapacitar o testemunho das Escrituras.

Isto não significa que aquelas pessoas proeminentes sejam necessariamente hipócritas. Nem que elas estejam sendo deliberada e intencionalmente destrutivas. Muitas delas estão sinceramente tentando ser, o que elas podem descrever como "honestas com Deus". Mas note o foco destes argumentos inteligentes e sutis: Eles tentam sempre refutar o valor histórico dos relatos bíblicos, particularmente em relação aos acontecimentos sobrenaturais. Não podem aceitar a ideia de que um domínio invisível (ao qual a Bíblia chama de reino de Deus) invadiu o nosso domínio comum de tempo e espaço. Tal conceito é desagradável para eles, assim, seus ataques têm como objetivo, tornar os relatos bíblicos parecerem inacreditáveis e incertos, algo que não se deve levar a sério.

Muitos destes palestrantes, professores e doutores em teologia alegam ser estudiosos da Bíblia, mas traem as Escrituras com o beijo de Judas e corrompem milhares. A intenção, é claro, é manter as pessoas longe da leitura da Bíblia. Esta é a principal estratégia do diabo. O diabo declarou guerra a Palavra de Deus porque ele conhece o poder das Escrituras. Ele sabe que quando as pessoas são despertadas pela verdade da Palavra de Deus, ele perde o seu poder sobre suas mentes, corações e vontade. Sua meta é manter as pessoas afastadas do exame sério, meditativo das Escrituras. Ele sabe que as Escrituras são vivas e poderosas, e uma leitura sincera da Bíblia, com a mente aberta é tudo que alguém precisa para responder aos ataques dos críticos e estudiosos.

A RESPOSTA PARA OS CRÍTICOS: SIMPLESMENTE LEIA

Veja por exemplo, a história do primeiro Natal. Nada é mais básico e central para a mensagem cristã do que a história do Deus infinito se tornando um bebê finito numa manjedoura, saudado com louvores dos anjos, anunciado por uma estrela brilhante, visitado por pastores, e mais tarde por reis magos. Amamos a beleza simples desta antiga história. Ela transforma o mundo (pelo menos aparentemente) durante um breve tempo a cada ano, durante os últimos 20 séculos.

Mas os falsos profetas de nossos dias tratam esta história como se ela não fosse nada mais que um mito, um enfeite bonito para um cartão de fim de ano. Não há nenhuma tentativa de refutar as reivindicações sobrenaturais da história bíblica — a história é simplesmente deixada de lado com um aceno de mão. Esta história é desdenhada como algo indigno da inteligência moderna. A implicação é clara — quem crê nesta história está no mesmo patamar daqueles que ainda acreditam que a terra é plana e que fadas existem.

As razões para isto, são claras: qualquer aceitação do relato bíblico como fato histórico significa que suas implicações não podem ser deixadas de lado. Devemos encará-la como um acontecimento incontestável, que só pode ser explicado pela Bíblia: A condição perdida da humanidade tem sido usurpada por Deus para que — com um alto preço para Ele mesmo — pudesse redimir a humanidade e libertar homens e mulheres.

Qual é a resposta às falsas reivindicações de que os relatos de eventos sobrenaturais são simplesmente mitos? Simplesmente isto: Leia a Bíblia. Leia a história do Natal contada nos Evangelhos de Mateus e Lucas. Ao ler este relato familiar com a mente aberta, você verá com que sinceridade e simplicidade ela é apresentada e como o relato não é imaginário. Não há qualquer tentativa de melhorá-lo com argumentos ou explicações teológicas. Narra simplesmente o que aconteceu a um casal a caminho de Belém, o que aconteceu quando eles chegaram lá e o que aconteceu nos dias seguintes. Quando essa história é colocada no lugar certo na narrativa total da Bíblia, você vê instantaneamente, como ela é natural e aceitável.

Desta simples história, toda luz flui, toda a esperança brilha, todas as canções brotam. Wesley capturou esta beleza em seu hino,

No tempo certo veio aqui
Pra de uma virgem nascer

> *Em carne Ele se manifestou*
> *Deus em homem se tornou.*
> *Pra nos conduzir ao céu*
> *Veio Jesus Emanuel.*

Esta simples, descomplicada história do natal foi vastamente aceita e proclamada no primeiro século. Com os relatos da crucificação e da ressurreição, aquela história mudou completamente o mundo. Jamais um cristão nas Escrituras a negou. Nenhum apóstolo jamais questionou estes acontecimentos, nem sugeriu que eles não aconteceram exatamente como foram registrados. As histórias eram bem conhecidas naqueles dias.

Em outras palavras, este relato reflete a habilidade inerente da verdade, contada de forma simples, para constranger a crer, sem a necessidade de um suporte artificial. Ao lermos o relato, ele submete-se à nossa razão, apela ao amor do coração, e compele à obediência da vontade. Rejeitá-lo, portanto, é violar nossa humanidade básica. Foi por isso que João declarou em uma carta escrita no final do primeiro século que esta história é um dos testes dos falsos mestres. Ele declarou que se alguém negar a encarnação e disser que Jesus não veio em carne, está inspirado pelo espírito errado e é um anticristo (veja 1 João 4:2-3).

A ESPADA EM AÇÃO

O propósito da Palavra, estas "declarações de Deus", é constranger a crer diante de qualquer distorção da verdade. Olhando para trás em minha vida, lembro muitas vezes quando a espada do Espírito salvou-me de erros e desilusões de vários tipos. Como novo cristão estive à beira da desobediência muitas vezes, quando a tentação para pecar parecia tão lógica, tão razoável, tão amplamente praticada que sentia-me fortemente atraído a ela. Muitas vezes fui impedido por uma palavra, que como novo cristão memorizara, e que me vem à mente muitas vezes desde então: "Confia no Senhor de todo o teu coração e não te estribes no teu próprio entendimento. Reconhece-o em todos os teus caminhos, e ele endireitará as tuas veredas" (Provérbios 3:5-6).

É tão fácil achar que porque uma coisa parece lógica para nós, ela deva ser lógica. Mas falhamos em reconhecer o fato de que nós somos facilmente enganados. Não somos as criaturas racionais que pensamos que somos. Há muita ilusão e desilusão em nosso mundo, e nós não somos inteligentes o suficiente para ver através destes fantasmas, destas mentiras. Portanto, a palavra vem à mente, "confia no Senhor de todo o teu coração". Creia na verdade como ela é revelada, e "não te estribes no teu próprio entendimento".

Às vezes a espada do Espírito é colocada em minha mão, não antes da derrota, mas bem no meio dela, ou exatamente após. Assim ela se tornou o meio de prevenir qualquer recorrência dolorosa. Lembro-me quando uma palavra do livro de Tiago me tocou com um poder fora do comum após uma violenta e desagradável demonstração de meu temperamento. Um verso que eu tinha lido na carta de Tiago flamejou em minha mente, "Porque a ira do homem não produz a justiça de Deus" (Tiago 1:20). Aquilo me "pegou". Eu pensei, *Aqui estou eu afirmando que estou interessado em trabalhar a justiça de Deus, e veja o que estou fazendo? Perdendo as estribeiras! Explodindo com alguém — e pensar que eu estou cumprindo o que*

Deus planejou que eu fizesse. Aquele versículo me fez parar ali e tem sido de grande ajuda desde então.

Lembro-me de outra vez em que meu coração foi traspassado por estas palavras do livro de Provérbios, "Da soberba só resulta a contenda, mas com os que se aconselham se acha a sabedoria" (Provérbios 13:10). Quando nos envolvemos em brigas e discussões uns contra os outros, é tão fácil culpar o outro. Foi ele que começou! Um dia meu sobrinho e minha filha estavam brigando e eu lhes perguntei: "Quem começou?" O menino respondeu, "Foi ela. Ela revidou." Nós somos bem assim, não é verdade? Mas a Palavra diz, "O orgulho só traz brigas" (Provérbios 13:10 NTLH). Onde há briga e raiva explícita, o orgulho está reinando — e ambas as partes normalmente são culpadas.

Lembro-me quando era novo cristão, o poderoso engodo para o mau comportamento sexual era frequentemente dispersado de meu pensamento pela lembrança súbita daquelas palavras de Paulo aos Efésios, "Não deixem que ninguém engane vocês com conversas tolas, pois é por causa dessas coisas que o castigo de Deus cairá sobre os que não obedecem a ele. Portanto, não tenham nada a ver com esse tipo de gente"(Efésios 5:6-7). Isso me capturou desde a primeira vez que ouvi. Mais tarde, quando entendi mais completamente o que significa a ira de Deus — que não é necessariamente um raio mandado do céu, um acidente de carro ou algo parecido, mas é a desintegração certa e a brutalização da vida, a consequência natural do pecado na ordem moral de Deus — este verso adquiriu maior poder ainda em minha vida.

Certa vez um homem me procurou para aconselhamento. Ele sofria uma depressão emocional e espiritual terrível — uma das pessoas mais solitárias, isoladas e miseráveis que já encontrei — e nos encontramos uma vez por semana durante um ano. Sua libertação começou quando ele resolveu orar uma simples frase da Bíblia, sempre que estivesse sendo cercado pela depressão. Era uma porção das Escrituras que este homem conseguiu, pela fé, apreender. Ele rejeitava tudo que eu tentava indicar-lhe. Mas aquela frase, permaneceu nele, e ele orava muitas e muitas vezes, as palavras de Jesus no Jardim do Getsêmane: "Não a minha, mas a tua vontade seja feita". Por fim, bem devagar, como o nascer do sol, a luz começou a brilhar e podia-se ver mudança na vida dele. Hoje ele vive uma vida normal e livre. Ele foi liberto pela "espada do Espírito", o *hrema*, a declaração de Deus dada especificamente para a sua situação.

Obviamente, quanto maior a exposição às Escrituras, mais o Espírito poderá usar sua poderosa espada em nossas vidas. Se você nunca lê, nem estuda sua Bíblia, você estará terrivelmente exposto à derrota e ao desespero. Você não tem defesa, não tem nada para levantá-lo contra estas forças que guerreiam com sua alma. Por isso, eu o exorto a ler sua Bíblia regularmente. Leia a Bíblia toda, pois cada parte tem um propósito especial.

Os cristãos que negligenciam a leitura das Escrituras estão desobedecendo à vontade de Deus frontalmente. O Senhor Jesus disse, "Vocês estudam as Escrituras Sagradas porque pensam que vão encontrar nelas a vida eterna. E são elas mesmas que dão testemunho a meu favor" (João 5:39). Este é o modo pelo qual você vem a conhecer a Cristo. Sem as Escrituras não há como fazer isto. E não há outra maneira de atingir a maturidade cristã longe das Escrituras.

Qual a responsabilidade do cristão quando o Espírito coloca uma das suas declarações em sua mente por alguma necessidade em sua vida? O que fazer quando o Espírito coloca uma espada em sua mão? Tome-a! Empunhe-a! Use-a! Obedeça-a! Não a rejeite, não a negligencie, nem, a trate com leviandade. Leve-a muito a sério. O Espírito de Deus trouxe Sua Palavra a sua mente com um propósito, então tenha cuidado com ela e obedeça-a.

UMA ARMA EQUILIBRADA

Uma última palavra de precaução: Nós também somos responsáveis por comparar Escritura com Escritura. Esta é uma questão muito importante. Lembre-se que o diabo pode recitar as Escrituras tão bem, como quando ele o fez diante do Senhor. Mas as citações do diabo nunca são equilibradas. A espada do Espírito nas mãos do diabo é uma arma tosca.

Lembra-se de como o próprio Jesus nos deu um grande exemplo disto quando o diabo foi tentá-lo no deserto? O diabo disse-lhe, "Se és Filho de Deus, manda que estas pedras se transformem em pães. Jesus, porém, respondeu: Está escrito: Não só de pão viverá o homem, mas de toda palavra que procede da boca de Deus." (Mateus 4:3-4).

O diabo então tentou uma nova tática. Ele veio a Jesus e disse, com efeito, "Bem, se você vai citar as Escrituras, eu também posso citar. Há um verso em Salmos, você sabe, que diz que se você se colocar numa posição difícil, Deus enviará seus anjos para segurá-lo." Então, o diabo o levou à Cidade Santa, colocou-o sobre o pináculo do templo e lhe disse: "Se és Filho de Deus, atira-te abaixo, porque está escrito: Aos seus anjos ordenará a teu respeito que te guardem; e Eles te susterão em suas mãos, para não tropeçares nalguma pedra. Respondeu-lhe Jesus: Também está escrito: Não tentarás o Senhor, teu Deus" (Mateus 4:5-7).

Jesus sabia como lidar com o diabo quando ele citou as Escrituras. Ele disse, "Está escrito [...] Também está escrito..." Eu o desafio a tomar nota disto. Não é suficiente alguém citar um verso das Escrituras para você ou ter um verso relampejando em sua mente. Pergunte-se: Este verso está em equilíbrio com o resto das Escrituras? Ou ele foi tirado do contexto e torcido para dizer alguma coisa que Deus nunca quis dizer?

Em seguida, o diabo mostrou a Jesus todos os reinos do mundo. "Eu lhe darei tudo isso", prometeu-lhe o diabo, "se você se ajoelhar e me adorar". Outra vez o Senhor respondeu--lhe com a espada do Espírito:

> Então, Jesus lhe ordenou: Retira-te, Satanás, porque está escrito: Ao Senhor, teu Deus, adorarás, e só a ele darás culto. Com isto, o deixou o diabo, e eis que vieram anjos e o serviram" (Mateus 4:10-11).

O diabo o deixou! É sempre assim que acontece. O diabo é colocado em fuga pela espada do Espírito. É a mesma espada de Jesus tão poderosamente manuseou que Deus colocou nas minhas e em suas mãos.

Aqui está a completa armadura do cristão: você em Cristo e Cristo em você; Cristo, demonstrado como a verdade e experimentado como justiça e paz; e Cristo, tomado pela fé e aplicado à vida através da esperança da salvação e a declaração *hrema* de Deus. Isto é tudo o que você precisa. Se você é um cristão, você tem toda a armadura de Deus ao seu dispor.

Por outro lado, se você não é um cristão não há ajuda para você. Então, para começar você precisa tornar-se um cristão.

A Palavra de Deus não traz conforto àqueles que não são cristãos; não há nada a dizer para apoiar ou encorajar alguém que não está em Cristo. A única maneira de escapar dos engodos, armadilhas e enganos do inimigo é receber Jesus Cristo em sua vida. Pelo trabalho de Jesus Cristo você é liberto do reino de Satanás e conduzido ao reino de Deus. Então, você pode revestir-se com a armadura de Deus.

Familiarize-se com esta armadura. Aprenda a usá-la e clame-a em sua defesa quando estiver sob ataque. Para que serve uma armadura enferrujada no armário por falta de uso? Não é de se admirar que tantos cristãos fracassem constantemente. Embora possuam a armadura de Deus, não a usam. Então, seja um bom soldado do Senhor; vista-se com sua armadura e use-a!

Lembre-se: Se você sente-se frio ou morno em sua fé, você está sob ataque do diabo. Se você se encontra deprimido ou desanimado; se está incomodado com dúvidas, medos e ansiedades; se sente a tentação da luxúria, o aperto da dor ou o entorpecimento da decepção — o que você deve fazer? Siga estes passos — o cinturão da salvação, a couraça da justiça, a preparação do evangelho da paz nos pés, o capacete da salvação, o escudo da fé e a espada do Espírito. Pense bem sobre estes passos e sistemática, deliberada e propositalmente vista-se com toda a armadura de Deus.

Não desista se não houver mudança imediata. Às vezes, devemos perseverar lutando as batalhas espirituais e mantendo nossa defesa contra os ataques satânicos. A lavagem cerebral de nossos dias nos faz ansiar gratificações instantâneas, resultados rápidos e alívio imediato — mas a batalha espiritual não pode ser travada com impaciência. Lembre-se, o ataque pode ser prolongado e nem sempre há resultados rápidos. É por isso que o apóstolo Paulo diz, "depois de terdes vencido tudo, permanecer inabaláveis" (Efésios 6:13c). A vitória é certa para quem persevera.

A promessa é certa: "Resisti ao diabo, e ele fugirá de vós" (Tiago 4:7).

Oração

Pai, agradeço por ter me armado e defendido contra os ataques satânicos. Agradeço-te por me dar os meios não somente para ser defendido, mas para tomar a ofensiva contra o diabo e mandá-lo embora correndo! Por favor, traz Tua Palavra à minha mente nas horas de necessidade, pressão, desânimo, e derrota. Fortalece em mim o desejo de tratar Tua Palavra com seriedade e proteger-me com a armadura que me deste em Jesus Cristo. Guia-me a uma vida cristã completa, rica e emocionante, que é minha como cristão, vivendo e lutando contra o diabo no Teu poder e força.

No nome de meu Senhor e comandante, Jesus o Logos de Deus, amém.

CAPÍTULO 9

ENFRENTANDO A INVESTIDA

Com toda oração e súplica, orando em todo tempo no Espírito e para isto vigiando com toda perseverança e súplica por todos os santos e também por mim; para que me seja dada, no abrir da minha boca, a palavra, para, com intrepidez, fazer conhecido o mistério do evangelho, pelo qual sou embaixador em cadeias, para que, em Cristo, eu seja ousado para falar, como me cumpre fazê-lo (Efésios 6:18-20).

Uma noite, John Paton e sua esposa — um casal de missionários nas Ilhas Vanuatu (na Oceania) — foram acordados por uma cantoria fora da sede da missão. Olhando para fora, eles viram que um grande número de nativos hostis tinha rodeado a missão com tochas, com a intenção de queimar o lugar e matar o casal. Os Paton ajoelharam-se e oraram a noite toda pedindo a Deus que os livrasse. As horas tensas e escuras passaram, porém os ilhéus mantiveram-se vigiando de longe.

Finalmente por volta do amanhecer, os Paton olharam pela janela — e os nativos hostis haviam partido. John Paton estava confuso. Não havia qualquer motivo que impedisse o ataque dos ilhéus, porém o ataque não aconteceu. Paton não descobriu porque os ilhéus partiram tão misteriosamente, até que se passasse um ano, quando o chefe da tribo aceitou Cristo como seu salvador pessoal.

Lembrando-se da longa noite de cerco do ano anterior, John Paton perguntou ao chefe recém-convertido por que os nativos partiram ao invés de queimar totalmente a sede da missão. "Nós tivemos medo dos homens que estavam com vocês", o chefe respondeu.

"Que homens?" Paton perguntou.

"Havia centenas de homens altos em volta da casa da missão naquela noite", disse o chefe: "suas roupas brilhavam como a luz e eles empunhavam suas espadas. Sabíamos que eles nunca iam nos deixar tocar em vocês, por isso voltamos para nossa vila."

Esta é a batalha espiritual em seus extremos! Deus nem sempre tem que intervir de maneira tão dramática em favor de Seus filhos. Porém a batalha é tão real e tão mortal para você e para mim em nosso dia-a-dia, como foi naquela noite para os Paton na sede da missão nas Ilhas Vanuatu. Você e eu somos cercados por inimigos todos os dias, mas Deus dispôs uma defesa para nós, que nos capacitará a enfrentar as ciladas e dardos inflamados do inimigo. O apóstolo Paulo listou três passos que devemos tomar para sermos "fortes no Senhor", e a resistirmos aos ataques de Satanás:

Passo 1: *Revestir-se com a armadura de Deus.* Vista toda a armadura — para que você possa se levantar contra as ciladas do diabo.

Como vimos, revestir-se com a armadura de Deus está longe de ser algo simplesmente figurado — é um passo prático que você deve dar para defender-se dos ataques do diabo. Significa lembrar-se do que Cristo é para você e pensar nas implicações deste relacionamento em sua presente luta e experiência. Embora revestir-se da armadura de Deus seja um passo bem prático, é algo que fazemos no domínio do nosso pensamento. É um ajuste da atitude do seu coração à realidade, às coisas como elas realmente são. É o ato de pensar profundamente nas implicações dos fatos revelados na Palavra de Deus.

A maioria dos nossos problemas da vida surgem por não vermos a vida como ela realmente é. Sofremos de ilusões, de visão debilitada, de perspectiva limitada, por isso precisamos desesperadamente começar pelo cinto da verdade — a revelação dos fatos da vida como encontramos nas Escrituras. Vida é o que Deus declara ser. Quando enfrentamos a vida com esta visão realista, somos capazes de viver vidas mais eficientes, alegres e produtivas. Entendemos o que está acontecendo conosco e por quê. Entendendo o que se passa no mundo e por que, somos capazes de nos armar para a batalha que brame ao nosso redor e dentro de nós — a batalha espiritual. Tudo isto é parte de vestir toda a armadura de Deus, de se apropriar de Cristo e de Sua força para que possamos viver a vida efetiva e realisticamente. Fazemos tudo isto no domínio do nosso pensamento.

Quando estamos aprendendo a vestir toda a armadura de Deus, é preciso tempo, reflexão e atenção. Mas como qualquer outro empreendimento na vida, melhoramos com a prática. Eventualmente, colocar toda a armadura de Deus se torna um hábito, se torna natural. Afinal, é para isso que os soldados treinam — para construir hábitos de soldado, a ponto das táticas de sobrevivência, defesa e ataque se tornarem nossa natureza secundária. No calor da batalha, um soldado não quer ter que pensar, "O que eu faço agora? Onde está a minha lista de prioridades? O que o meu sargento disse para fazer nesta situação?" Ele quer ser capaz de agir por instinto e exercer seu treinamento sem hesitação.

Assim é com os soldados do Senhor. Quando o diabo oprime com seu ataque, precisamos estar prontos para responder rapidamente, começando com o cinto da verdade e terminando com a espada do Espírito. O tipo de prontidão na resposta vem somente pela prática contínua, oração e consciência de toda a armadura de Deus diariamente.

Passo 2: *Orar*. Há uma relação muito forte e poderosa entre revestir-se com a armadura de Deus e a oração. Estes dois passos andam juntos. Não é suficiente colocar a armadura de Deus — você deve orar também. Não é suficiente orar — você também deve vestir a armadura de Deus. Não é caso de fazer uma coisa ou outra, mas de fazer ambas. Paulo escreve,

> Com toda oração e súplica, orando em todo tempo no Espírito e para isto vigiando com toda perseverança e súplica por todos os santos e também por mim; para que me seja dada, no abrir da minha boca, a palavra, para, com intrepidez, fazer conhecido o mistério do evangelho, pelo qual sou embaixador em cadeias, para que, em Cristo, eu seja ousado para falar, como me cumpre fazê-lo (Efésios 6:18-20).

Passo 3: *Permanecer firme.* Diante dos ataques de Satanás, temos que permanecer firmes em nossa fé com a certeza de que a batalha é do Senhor. Nossa fé em Sua vitória — uma vitória que já se cumpriu na cruz — é o que vence o mundo. No próximo e último capítulo, vamos explorar o que significa, de forma prática e bíblica, permanecer firmes.

POR ONDE COMEÇAR

Note que o apóstolo Paulo em Efésios 6 não inverte a ordem do que devemos fazer quando sentimos o ataque de Satanás. Ele não nos instrui a orar primeiro, e então colocar a armadura de Deus. É isto que normalmente nós tentamos fazer e o resultado é uma vida de oração fraca, impotente. Há uma grande ajuda prática aqui se cuidadosamente seguirmos a ordem dada nas Escrituras.

Eu acho que muitos cristãos, se são honestos, devem confessar que estão insatisfeitos com suas vidas de oração. Eles acham que ela é inadequada e pouco frequente. Todos nós, de tempos em tempos, lutamos para melhorar. Às vezes, lutamos para melhorar a qualidade e a quantidade de tempo investido em nossas vidas de oração. Às vezes, adotamos horários que tentamos manter ou desenvolvemos longas listas de nomes, projetos e lugares que tentamos lembrar em oração ou tentamos nos disciplinar de alguma forma para desenvolver um ministério maior neste reino. Em outras palavras, começamos fazendo, mas ao fazê-lo, começamos no lugar errado. Estamos violando nossa natureza humana básica agindo assim. O lugar para começar não é no fazer, mas no pensar.

Veja bem, não estou sugerindo que não há lugar para a disciplina cristã. Há, sim! Não estou sugerindo que não precisamos submeter nossa vontade a difícil tarefa de permanecer na oração. Há uma grande necessidade disto! Mas, primeiro devemos fazer o que está envolvido em colocar a armadura de Deus. *Primeiro*, pense profundamente nas implicações da fé, e então a oração fluirá natural e mais facilmente. Ela será uma oração *meditativa* — oração que tem significado e importância.

Não é este o problema com a maioria de nossas orações? Nossas orações são frequentemente fúteis e superficiais. O que é necessário? A oração deve ser o resultado da ponderação a respeito das implicações da fé; isto lhe confere profundidade e significado. A oração deve ser objetiva e intencional.

Em Efésios 6, Paulo reconhece duas categorias de oração, as quais ele designa: (1) "toda oração" e (2) "súplica". "Toda oração", é claro, é a classificação mais abrangente; "súplica" é o pedido específico por ajuda ou provisão feito na oração. E se você estudar todos os ensinamentos da Bíblia sobre este maravilhoso assunto da oração, descobrirá que por trás de toda a apresentação bíblica da oração, está a ideia de que ela é uma conversa com Deus. É isto que a oração é, simplesmente um conversa com Deus.

Conversa em família

Quando pensamos sobre a oração, é crucial recordar a posição do cristão — ele é membro da família de Deus. Portanto, a oração não é só um rito religioso — é algo muito mais real, muito mais profundo: A oração é uma *conversa em família*. É uma conversa amigável, íntima, franca com Deus. Temos o privilégio de tal comunicação irrestrita com Deus, por causa do relacionamento próximo e íntimo que obtivemos com Deus pela Sua graça, através da fé em Jesus Cristo. Pela fé em Cristo passamos do reino do desconhecimento e alienação de Deus, para o círculo íntimo familiar dos filhos de Deus. É fácil conversar no círculo familiar e quando os membros de uma família se recusam a falar ficando calados, a intimidade familiar é gravemente comprometida.

Esta é a natureza essencial que Paulo chama de "toda oração". A oração não é nada mais, nem nada menos do que uma conversa em família — uma conversa com nosso Pai.

O que Paulo chama de "súplica" são orações de natureza especial — mas, novamente, súplicas são também uma forma de conversa em família. O apóstolo Tiago diz, "Nada tendes, porque não pedis" (Tiago 4:2). Em nossa conversa com Deus é perfeitamente adequado pedir, porque nós somos Seus filhos e Ele é nosso Pai. Paulo está dizendo, "Depois que vocês vestirem a armadura de Deus — depois de terem meditado nas implicações da sua fé — então converse com Deus sobre isto." Conte-lhe tudo, suas reações, como você se sente, descreva suas experiências e suas reações a elas e peça-lhe por suas necessidades.

A oração frequentemente é considerada como algo importante e santo, e por essa razão é feita com linguagem artificial ou com a voz bem entonada. Você a ouve frequentemente do púlpito, muitos pastores adotam uma "voz potente". Oram como se Deus estivesse numa distante esquina do universo. Creio que esta atitude demonstra uma mensagem errada, sobre a verdadeira oração. É importante que todos compreendam que orar é, na verdade, uma simples conversa com nosso Pai. É o que o apóstolo Paulo descreve de forma tão bonita em sua carta aos Filipenses,

> Não andeis ansiosos de coisa alguma; em tudo, porém, sejam conhecidas, diante de Deus, as vossas petições, pela oração e pela súplica, com ações de graças. E a paz de Deus, que excede todo o entendimento, guardará o vosso coração e a vossa mente em Cristo Jesus (Filipenses 4:6-7).

Este é um belo estudo sobre a oração. Paulo está dizendo que há três passos simples envolvidos na oração:

1. Não fique ansioso com nada. Amigo cristão, você ouviu o que foi dito? Deixe suas preocupações e ansiedades — com o Senhor! Este é um dos maiores problemas do modo de viver dos cristãos de hoje. A ansiedade não só impede nossa vida de oração, mas também nos torna soldados ineficientes para o Senhor — e testemunhas ineficientes do evangelho. Os cristãos se tornam pedras de tropeço na vida dos não-cristãos ou testemunhas ardorosas, dependendo da forma como lidam com as pressões e problemas. Um cristão ansioso, preocupado, dá a impressão de que não se pode confiar em Deus e que o evangelho não provê ajuda em tempos de dificuldades e pressões.

Como Deus é digno de confiança, os cristãos não precisam se preocupar; Ele está no controle. Sendo o evangelho verdadeiro, os cristãos não precisam ficar ansiosos com nada, afinal, todas as coisas trabalham para o bem, no plano perfeito de Deus, é por isso que os cristãos são frequentemente exortados nas Escrituras, a não ficarem ansiosos. Quanto mais nos preocupamos, menos fé demonstramos.

Isto não quer dizer que os cristãos não devam estar interessados e comovidos com os problemas da vida, tragédias e injustiças. As Escrituras não advogam uma abordagem de resignação, indiferente da vida. Devemos ser compassivos, interessados e envolvidos na vida e na vida das pessoas ao nosso redor. Devemos nos importar. Mas cada vez que ficamos ansiosos, temerosos e preocupadíssimos, demonstramos falta de confiança em Deus.

Alguém disse, "Eu estou tão carregado de preocupações, que se mais alguma coisa der errado nesta semana, levará mais duas semanas para poder me preocupar com este novo problema." Às vezes fazemos uma tentativa artificial para curar nossas preocupações através do puro poder da vontade humana. Como um poeta disse de forma bem-humorada,

Eu me associei ao novo Clube " Despreocupados"
E agora prendo a respiração;
Tenho tanto medo de ficar preocupado,
Que morro de preocupação!

Mas Paulo diz, "Não andeis ansiosos com coisa alguma." Como isto é possível? Somente quando você veste a armadura de Deus, não tente fazer isto de outra forma. A preocupação vem do medo e o único poder que desfaz o medo é reconhecer os fatos: o fato de que Deus está no controle; o fato de Jesus já ter vencido esta batalha; o fato de podermos confiar no Senhor para conduzir todos os acontecimentos para o nosso bem e para cumprir Seu propósito final — mesmo tragédias, dores e contratempos. Quando vestimos a armadura de Deus, enfrentamos os fatos como são. Aceitamos a realidade como ela realmente é.

O próximo passo que Paulo nos dá para uma oração eficaz é:

2. Ore a respeito de tudo! Você pode estar se perguntando, "Deus está realmente interessado tanto nas pequenas coisas como nas grandes?" Claro que Ele está. Ele nos diz isto. Até mesmo o número dos fios dos nossos cabelos Ele sabe. Deus está interessado em tudo, mesmo nas pequenas coisas — por isso, não hesite em trazer-lhe qualquer preocupação que tiver. Deus é um Pai amoroso, e Ele está interessado em cada aspecto de nossas vidas.

O último passo que Paulo nos dá, para a oração eficaz é este:

3. O resultado é paz. Paulo diz que quando oramos, "a paz de Deus, que excede todo entendimento, guardará o vosso coração e a vossa mente em Cristo Jesus". Este é o resultado da oração, como Paulo nos explica em Filipenses. A paz de Deus é a paz que ninguém pode entender ou explicar, a paz que vem a nós apesar de nossas circunstâncias, a qual não se deriva de nossas emoções ou acontecimentos. Ela é sobrenatural em origem e natureza. Pode haver algo mais relevante para os problemas e ansiedades deste mundo do que a paz de Deus?

O VÍNCULO ESSENCIAL

Há três fatos básicos inerentes à oração:

1. Quando oramos reconhecemos a existência de um reino invisível. Nunca oraríamos se não tivéssemos a consciência de que Alguém está ouvindo, que atrás do que é visível, há um reino invisível. Não está em lugar distante no espaço; está bem aqui! Está nos rodeando por todos os lados. Estamos constantemente em contato com ele, mesmo que nem sempre percebamos. Fica por trás da fachada da vida e por toda Escritura somos exortados a ter cuidado com ele, a considerá-lo, lidar com ele, e a reconhecer que existe.

2. Nós temos certeza de que o reino de Deus é altamente significativo e que afeta diretamente as nossas vidas. Os acontecimentos neste reino visível são secretamente motivados e guiados por forças do reino invisível. Assim — aqui está o ponto principal — se você quer mudar o que é visível, tem que começar pelo que é invisível, é por isso que a oração é tão importante. Estamos engajados numa guerra espiritual, por isso devemos conduzir esta luta no reino espiritual, no domínio e reino de Deus ou domínio da oração.

3. A oração é essencial para trazer o poder invisível de Deus para a vida no reino visível. O diabo e suas forças estão ferozmente dedicados a manter os seres humanos na ignorância com relação a este fato. O diabo não quer que você saiba ou creia que Deus realmente responde orações. Assim, é crucial que nós enfatizemos este fato: A oração é intencional e poderosa, porque Deus é intencional e poderoso. Deus responde orações.

O diabo é muito eficiente em embotar e obliterar esta verdade nas mentes das pessoas de hoje. Nós sempre ouvimos frases como, "não tem oração que resolva", ou "Não há nada mais a fazer senão orar." Em outras palavras, a oração é o último recurso, o último cartucho, um gesto desesperado, e talvez o último suspiro quando todas as demais possibilidades foram esgotadas. Satanás ri sempre que a oração é descrita desta forma! Ele ama quando as pessoas acham que a oração é um gesto patético, inútil, deplorável — e ele odeia quando as pessoas descobrem que a oração é o acesso direto ao poder sem limites daquele que formou os planetas e lançou as estrelas no firmamento!

Que pensamento empolgante: quando oramos, Deus escuta! Quando fazemos nossos pedidos, Deus age! A oração é um vínculo essencial para o envolvimento ativo de Deus no mundo de hoje. Sem oração, Deus normalmente não age — ele é um perfeito Cavalheiro, que não entra se não for convidado. Mas com oração, Ele sempre age.

Orando de acordo com as promessas

Devemos imediatamente adicionar e enfatizar esta verdade bíblica: *Deus responde as orações de acordo com Suas promessas*. Há um falso conceito da oração apoiado por muitos, que sugere que Deus responde qualquer oração, não importando o que se queira ou como se peça. Este falso ensinamento resulta em amargas decepções e dá margem para a crença tão difundida de que a oração é ineficaz. Mas Deus responde cada oração, alicerçada em Suas promessas.

A oração não começa conosco; ela começa com Deus. Deus deve dizer que fará alguma coisa antes que tenhamos a liberdade de pedir-lhe que o faça. Se fosse para Deus responder afirmativamente a todas as nossas demandas, Ele não seria Deus. Ele seria nosso escravo, um simples gênio da garrafa. Ao invés de responder nossas orações, estaria concedendo nossos desejos. Esta não é a descrição bíblica, nem verdadeira de como Deus age.

O Deus da Bíblia é tanto o soberano Criador e Senhor do universo, como o Pai amoroso, e é assim que devemos nos aproximar dele. Não devemos ficar dando ordens ao Criador do universo. E devemos entender como é o relacionamento saudável entre pai e filho. Nenhum pai amoroso se compromete a dar aos filhos tudo o que quiserem ou exigirem. Ao contrário, um pai amoroso deixa claro que ele fará algumas coisas pelos filhos e não fará outras. Dentro do âmbito dessas promessas e limites dos pais, um pai amoroso se comprometerá a responder os pedidos de seus filhos.

Por exemplo, um pai amoroso pode dizer, "Vou lhe conceder o pedido de lanches saudáveis e nutritivos depois da escola, mas não lhe concederei sorvete cinco vezes por dia — eu amo você demais para lhe dar algo que pode prejudicar sua saúde." O mesmo acontece com Deus. Ele nos deu promessas, e elas formam a única base adequada para a resposta as orações. Você e eu podemos pensar que o pedido que fizemos a Deus é perfeitamente razoável. Podemos imaginar que se Ele for verdadeiramente amoroso, nos concederá o sucesso ou a cura, ou a bênção que pedimos. Mas Deus vê mais claramente do que nós, e Deus pode ver (como Ele fez quando Paulo orou para ser curado de um problema físico, um "espinho na carne") que mesmo alguma coisa que pareça benéfica como uma cura física, pode não ser o melhor que Deus tem para nossas vidas.

É isto que Paulo quer dizer quando ele nos relembra, "com toda oração e súplica, orando em todo tempo no Espírito". O que quer dizer "orar no Espírito"? Esta é uma área de muitos equívocos. Muitos usam esta frase para descrever as *emoções* que deveríamos ter quando oramos. Eles acham ser necessário estar muito "tocado" para que a oração seja eficaz, que deveríamos orar com grande emoção. É claro que Deus está envolvido conosco no nível emocional, e sentimentos profundos são frequentemente parte de uma vida de oração vigorosa. Mas o emocionalismo não é necessário para uma oração eficaz, nem Paulo está se referindo ao emocionalismo quando ele nos convida a "orar no Espírito".

Simplificando, o que Paulo quis dizer é: "orar no Espírito" é orar de acordo com as promessas dadas pelo Espírito, e é baseada no caráter de Deus, o qual o Espírito fez conhecer. Deus nunca prometeu conceder todos os nossos desejos, exigências, alegações, petições ou anelos. Ele só prometeu responder as orações que são feitas da maneira que Ele esboçou para nós em Suas promessas. Ele responde tais orações invariavelmente e sem parcialidade. Ele não desrespeita pessoas e não mostra favoritismo em questão de oração.

Em nossas necessidades pessoais — aquelas necessidades que mais precisam de oração, tais como a necessidade de sabedoria ou paciência, ou graça, ou força, ou tolerância — há promessas de Deus para responder imediata e abundantemente. Ele sempre responde este tipo de oração para suprir completamente nossas necessidades e no exato tempo que precisamos (que não é necessariamente no mesmo tempo que queremos ou esperamos!) Jesus fez esta promessa para nós: "Pedi, e dar-se-vos-á" (Lucas 11:9).

O apóstolo Paulo nos alerta a levarmos esta questão a sério e aprendermos o que Deus prometeu. Em outras palavras, dominar este assunto, como dominaríamos qualquer matéria de um curso que fizéssemos. Os cientistas dominam várias áreas no reino da ciência. Professores se tornaram competentes na arte de ensinar. Artesãos dedicam tempo e estudo ao seu negócio. Da mesma maneira, nós também devemos dominar a arte da oração. Embora a oração seja a coisa mais simples do mundo — simplesmente uma conversa com Deus — pode também tornar-se a mais profunda e intensa experiência em sua vida. À medida que você cresce na prática e na experiência da oração, você descobrirá que Deus é absolutamente sério com relação à oração. Através desta comunicação de mão dupla entre nós e Deus, Ele torna Sua onipotência e onisciência disponíveis aos seres humanos limitados, como você e eu, em promessas específicas que fez para nós.

Quando você aprende a orar nessa base, você descobrirá que coisas emocionantes e inesperadas estão constantemente acontecendo, que há um silencioso e considerável poder agindo em sua vida — um poder em que você pode depender. Ao aprender a orar deste modo, você descobrirá que uma tremenda arma, um poderoso poder para influenciar sua própria vida e a vida de outros, está à sua disposição.

Abre seus olhos, Senhor

Nós não estamos sozinhos nesta batalha — neste conflito espiritual com as forças invisíveis do mal. Não — há outros ao nosso redor que são mais fracos e mais novos na fé em Cristo do que nós, e há ainda outros que são mais fortes e mais maduros do que nós. Todos nós estamos neste poderoso exército de Deus, lutando nesta batalha lado a lado, ombro a ombro.

Não podemos colocar a armadura de Deus por outra pessoa, mas podemos orar por aquela pessoa. Podemos pedir reforços quando encontramos um irmão ou irmã engajados numa luta maior do que eles mesmos. Podemos compartilhar com eles sobre a armadura de Deus, e ajudá-los a compreender como utilizar a armadura completa, esta panóplia com a qual Deus nos equipou. Podemos reconhecer os problemas e provações das outras pessoas, e orar por elas. Temos que orar pedindo que Deus anime seus corações, fortaleça seus corpos, ilumine suas mentes e abra seus olhos para os perigos ao seu redor. Podemos orar para que Deus os supra com ajuda específica e com o discernimento que precisam para passar pela provação.

Note que Paulo pede isto para si mesmo nesta mesma passagem. "E também por mim; para que me seja dada, no abrir da minha boca, a palavra, para, com intrepidez, fazer conhecido o mistério do evangelho, pelo qual sou embaixador em cadeias, para que, em Cristo, eu seja ousado para falar, como me cumpre fazê-lo" (Efésios 6:19-20). Mesmo este poderoso apóstolo tinha uma profunda noção de sua necessidade de oração!

Você encontra outro notável exemplo do desejo de Paulo por orações no último capítulo do livro aos Romanos, onde ele pede que os cristãos orem por três necessidades específicas: proteção física na visita a Jerusalém; por um espírito sensível e diplomático quando falasse aos cristãos de lá; e por uma última oportunidade de visitar a cidade de Roma (veja Romanos 15:30-32). Deixe-me destacar isto: Paulo faz três pedidos específicos e a Escritura relata que cada um destes pedidos foi respondido exatamente como Paulo pediu.

Lendo as orações de Paulo, vejo que ele lida com muitas questões, mas há um tema recorrente em suas orações: um pedido para que o entendimento de seus companheiros cristãos fosse iluminado. Ele repetidamente pede que os olhos de suas mentes — sua inteligência — fossem abertos. Esta repetição nas orações do apóstolo indica a importância de entender a vida de forma inteligente — distinguindo o que é verdadeiro do que é falso, o que é real do que é fraude. Também ilustra o poder que o diabo tem para nos cegar e confundir e, de fazer as coisas parecerem muito diferentes do que realmente são. Por isso a oração repetida do apóstolo é "Senhor, abre seus olhos para que seu entendimento seja esclarecido, sua inteligência seja iluminada para que eles possam ver as coisas como realmente são."

Na carta de Tiago, a importância de orar pelos outros é fortemente enfatizada: "Meus irmãos, se algum entre vós se desviar da verdade, e alguém o converter, sabei que aquele que converte o pecador do seu caminho errado salvará da morte a alma dele e cobrirá multidão de pecados" (Tiago 5:19-20). A oração de outra pessoa pode mudar completamente a atmosfera da vida de outra pessoa — muitas vezes da noite para o dia.

Numa véspera de Natal, minha família e eu estávamos nas montanhas da Sierra Nevada da Califórnia, numa pequena cidade da época da Corrida do Ouro, chamada Twain Harte. Quando o sol se pôs, a paisagem ao nosso redor era seca e estéril. Umas poucas folhas marrons caiam das árvores; era uma paisagem desoladora, tipicamente de inverno. Mas quando nós acordamos na manhã seguinte, ela tinha se transformado em algo maravilhoso. Cada linha áspera estava macia, cada defeito estava coberto. Doze centímetros de neve tinham caído durante a noite e toda a paisagem foi silenciosa e maravilhosamente transformada numa terra de encantamento.

Vi o mesmo acontecer na vida de um indivíduo teimoso, durão e obstinado com relação às coisas de Deus e Sua realidade invisível. Vi corações endurecidos amolecerem e mudarem apenas com orações feitas por um cristão fiel, em secreto. Palavras não precisaram ser ditas — e nem seriam aceitas pela pessoa com o coração endurecido. Só a oração — o misterioso elo entre um cristão fiel e o poder sem limites do nosso impressionante Deus — era necessário para produzir a transformação.

Algumas vezes, tais transformações podem acontecer virtualmente da noite para o dia — mas outras vezes leva muito tempo. Sei de pessoas cujas vidas foram transformadas somente depois que alguns fiéis guerreiros de oração dobraram seus joelhos por décadas! Mas a mudança vem. O tempo é um fator que só Deus tem controle e Ele nunca coloca um limite de tempo nas Suas instruções com relação à oração. Ele nos convoca a sermos fiéis e constantes em nosso ministério de oração, tanto para nós como para os outros. Quando aprendemos a orar como Deus nos ensina a orar, liberamos em nossas vidas e na vida dos outros, os imensos recursos de Deus. Convidamos Deus para alcançar nossas vidas e nosso mundo, provendo Sua força, Seu poder, Sua sabedoria, Seu discernimento para curar as feridas, resolver os problemas e vencer as batalhas desta vida.

Oração

Pai, eu sei tão pouco sobre este poderoso ministério de oração. Senhor, ensina-me a orar. Perdoa-me pela maneira como frequentemente fiz minha oração, como se fosse uma coisa pouco importante, insignificante, um exercício religioso opcional, um último recurso. Ajuda-me a enxergar a oração como minha ligação direta contigo e com Teu grande poder. Ajuda-me a ver a realidade claramente, especialmente a realidade da oração. Obrigado Senhor, porque és não só infinitamente poderoso, mas estás intimamente envolvido em minha vida. Fico maravilhado que o Deus Criador do universo seja também meu Pai, e me convida para subir no Teu colo e chamá-lo de "Papai". Quanta graça me dá! Que privilégio me oferece! Que presente maravilhoso e hilariante é ser capaz de conversar contigo.

No nome de Jesus, nosso grande modelo de oração, amém.

CAPÍTULO 10

A POSTURA INFALÍVEL

Revesti-vos de toda a armadura de Deus, para poderdes ficar firmes... (Efésios 6:11).

Ojogo de futebol americano é uma guerra com regras. Porque é um tipo de batalha controlada, organizada, o jogo de futebol serve de muitas maneiras como uma analogia para a batalha espiritual. É um jogo no qual os oponentes devem "vestir toda a armadura", o capacete, as proteções almofadadas, as ombreiras e os sapatos, que os capacitam a proteger-se de lesões. É um jogo no qual é necessário ter uma mente clara, estar consciente do esquema tático, ter constante contato com seu técnico — e é claro, o mesmo é verdade na batalha espiritual. É um jogo de ataque e defesa, um jogo que exige personalidade e resistência, um jogo que requer esforço individual e da equipe, um jogo em campo aberto, cercado pelos espectadores — o que também acontece na batalha espiritual.

Sempre fico impressionado, quando assisto a um estimulante jogo de futebol, ao ver a resposta defensiva do time a um ataque mais enérgico do pelotão ofensivo de seu adversário. Às vezes, o ataque leva a defesa a recuar, contra sua própria zona final e o que se vê é uma batalha arenosa e suja — uma batalha às vezes caracterizada por "luta por espaço e nuvem de poeira". Uma das vistas mais eletrizantes no futebol é uma determinada linha de gol defensiva, onde os defensores simplesmente formam numa linha de combate contra o time oponente e se recusam a mover-se. Eles tomam uma posição e se recusam a ceder seu campo.

Uma linha de gol bem-sucedida é normalmente o clímax do jogo. Nada tira a moral do ataque de um time de futebol como ser parado quatro vezes consecutivas na linha de quase um metro do oponente. Quando um ataque é incapaz de marcar pontos numa situação dessas, o time que estava na defesa, passa agora para o ataque. Frequentemente há uma tal troca de energia e impulso neste momento, que o time que estava colocado contra a linha de gol agora avança implacavelmente pelo campo, para marcar o gol e até ganhar o jogo!

Portanto, no futebol, na vida e na batalha espiritual é crucial que aprendamos como tomar uma posição e que nos recusemos a ceder nosso território.

APRENDENDO A PERMANECER FIRMES

Nosso estudo sobre batalha espiritual nos traz agora à admoestação de Paulo na passagem de Efésios 6 e que forma o objetivo e o impulso da passagem inteira. Essa admoestação consiste em uma expressão que Paulo repete quatro vezes de modo diferente em poucos versículos. São as palavras *ficar firmes*. Note que certas palavras marcam estes versos:

> Revesti-vos de toda a armadura de Deus, para poderdes ficar firmes contra as ciladas do diabo [...] Portanto, tomai toda a armadura de Deus, para que possais *resistir no dia mau* e, depois de terdes vencido tudo, permanecer inabaláveis. *Estai, pois, firmes...* (Efésios 6:11,13-14).

Tudo que Paulo diz é para evidenciar a capacidade de resistir, ficar firmes, inabaláveis quando o maligno fizer suas investidas contra nós. Por que Paulo enfatiza tanto a expressão ficar firme? Ficar não é uma postura passiva num tempo de guerra? Por que Paulo não diz, "e depois de terdes vencido tudo, *lutem*? Por que ele não emprega um conceito militar que soe mais positivo, agressivo? Por que ele não sugere que nos preparemos para avançar, atacar? Deus realmente espera que simplesmente fiquemos *firmes*?

Devemos levar estas palavras a sério, pois afinal, elas não são apenas palavras que podem ser usadas somente num jogo infantil. São comandos dados numa batalha muito séria — uma batalha de vida ou morte contra o mal consumado no mundo. Estou convencido de que o apóstolo Paulo usa a expressão *ficar firmes* porque esta é a única expressão adequada para se expressar. É a única expressão que autenticamente descreve a atitude que devemos ter para assegurar a vitória absoluta.

Ao olhar esta expressão mais cuidadosamente, podemos ver que ela toca três aspectos da batalha da vida. O seu uso revela-nos a intensidade da luta na qual estamos envolvidos. Muitas vezes temos que *ficar firmes* porque é tudo que podemos fazer. O máximo que podemos esperar conseguir é simplesmente ficar imóveis. Há momentos na batalha que o soldado não pode fazer nada além de se proteger e ficar no seu terreno. É esta a implicação que esta expressão tem para nós.

Paulo já tinha falado nesta passagem sobre os dias maus que viriam. Graças a Deus, a vida não consiste somente de dias maus, mas eles virão. Estes são os dias quando as circunstâncias simplesmente nos chocam, quando enfrentamos uma combinação de acontecimentos — alguma tragédia ou circunstância desalentadora — que quase tira nossos pés do chão e nada podemos fazer a não ser permanecer firmes onde estamos.

Há momentos em que as dúvidas nos assolam. Somos expostos aos ataques intelectuais, e tudo o que podemos fazer é nos agarrarmos a qualquer porção de fé. Às vezes, ficamos assoberbados com as circunstâncias, temores e preocupações que mal conseguimos manter nossa cabeça no lugar por causa de tanta pressão. Há momentos em que a indiferença parece minar nossa força espiritual para que percamos toda a nossa vitalidade. Ela esgota nossa motivação, nossa vontade de agir e parecemos incapazes de fazer as coisas mais simples para manter e viver nossa fé — não podemos fazer mais nada além de fatigadamente ficar firmes e tentar permanecer de pé.

Tudo isto é parte da batalha. Nós nos perturbamos quando parece não haver crescimento ou avanço em nossa fé cristã. Nosso ministério e nosso testemunho parecem ineficientes. Todo o desafio e entusiasmo de nossa vida espiritual desapareceu. O que devemos fazer, então? Paulo diz que devemos nos cingir com o cinto da verdade, colocar toda a armadura de Deus e orar — e tendo feito isto, ficar firmes! Vestir a armadura e orar não vai necessariamente mudar as circunstâncias. Deus nem sempre terminará a batalha ou nos removerá dela — às vezes, só temos que perseverar e suportar a investida.

Por isso ficamos firmes! Perseveramos em nossa posição! Recusamos nos render! Se permanecermos imóveis, se resistirmos à investida e garantirmos nosso território, o diabo em algum momento fugirá de nós. Esta é a mensagem que está entrelaçada por todos os versículos de Efésios 6.

Ciclos de problemas

Por toda a Bíblia vemos advertências à respeito dos dias maus acontecendo com maior frequência, à medida que o dia do retorno do Senhor se aproxima. A Bíblia sempre nos disse que dias maus viriam, mas, às vezes, não compreendemos certas previsões. Há uma passagem, por exemplo, que se refere aos últimos dias. "Ora, o Espírito afirma expressamente que, nos últimos tempos, alguns apostatarão da fé, e seguirão a espíritos enganadores e a ensinos de demônios" (1 Timóteo 4:1). Lemos este texto como se fosse uma profecia para os momentos finais desta era. Mas, "últimos tempos" significa todos os anos depois da primeira vinda do nosso Senhor até o Seu retorno. Paulo não está falando de um tempo de dificuldades em particular reservado para o último instante; ele está falando sobre os ciclos que se repetem por todo o curso destes últimos tempos.

Mas a Palavra de Deus também sugere que estes ciclos se tornarão mais terríveis em intensidade e mais generalizados no seu impacto ao aproximar-se o fim dos tempos. Há uma conscientização cada vez maior em nossos dias de que vivemos em uma comunidade global. Frequentemente ouvimos falar da "comunidade global", da "economia global", da "aldeia global". Não estamos mais separados de outros povos pelas grandes diferenças de pensamento, distância ou tempo. O que acontece do outro lado do mundo hoje, nos afeta amanhã. Estamos muito cientes disto.

Os dias maus antes eram limitados geograficamente. No passado a perseguição foi intensa em vários lugares e as pressões econômicas se tornaram severas em certas áreas, enquanto em outras partes do mundo havia prosperidade. Mas agora, na continuidade da presente era, acontecimentos em pequenas regiões problemáticas — Kuait, Bósnia, Somália, Coréia, Nicarágua, Israel — podem causar impacto em todo o planeta.

A América do Norte parece ser uma ilha de relativa paz e segurança num mar de problemas e aflições — mas este mar está sempre batendo em nossa costa, causando erosão em nossas ilusões de segurança. Há uma invencível onda de problemas crescendo no mundo. Apesar de algum tempo de prosperidade temporária, algum avanço tecnológico, uma breve pausa nas revoltas políticas e sociais, devemos honestamente admitir que as condições globais não estão melhorando, ao contrário, estão piorando. A moralidade pública e particular está diminuindo, a agitação racial e social está crescendo. O desrespeito pela lei e pela justiça, e pelos padrões do que é certo e do que é errado, está crescendo. A aversão pelos cristãos e a perseguição à fé cristã está aumentando.

As soluções de muitas pessoas sinceras — soluções educacionais, descobertas científicas, melhorias econômicas, soluções legislativas e governamentais — não estão funcionando. Tais esforços têm seu lugar, é claro, mas não resolvem o problema principal da condição humana. O verdadeiro problema está além do alcance das correções externas superficiais. Ele está encravado no fundo dos corações e almas dos seres humanos, que por sua vez estão emaranhados na estrutura de poder, cruel e repressivo, que domina este planeta — os dominadores deste mundo tenebroso. Somente o poder libertador de Jesus Cristo é adequado para lidar com estas forças espirituais. Até os não-cristãos estão concluindo que não há solução humana para o problema que confronta a raça humana no novo milênio. Richard Wright, um crítico social, observa em seu livro, *The Outsider* (O Estrangeiro):

> Quero trazer à sua memória o que está acontecendo nas grandes cidades do mundo nos dias atuais. As cidades são na maior parte vastas poças de miséria humana, rede de nervos humanos expostos sem o benefício da ilusão ou da esperança para um novo mundo ímpio forjado

pelos industriais. As pessoas nestas cidades estão perdidas. Algumas estão tão perdidas que nem mais reconhecem isto, e estão perdidas de verdade. Frequentam os cinemas para se distraírem; jogam, deprimem suas sensibilidades com álcool ou buscam sensações fortes para entorpecer a existência sem sentido.

Este é o mundo que vemos hoje, e por causa dele há muitos que vacilam na sua fé. Muitas vezes lemos nos jornais sobre líderes cristãos de destaque que sofrem colapso moral e são retirados de cena, acabando assim seu ministério e testemunho. Isto está acontecendo em todo lugar.

REVELANDO O FALSO

Por que Deus permite este monstruoso aumento do mal no mundo? Não é mistério. Ele diz em Sua Palavra: — para separar o falso do verdadeiro. Em Hebreus 12:26-29, lemos que tudo que pode ser abalado será abalado. Deus está permitindo estes testes para revelar o que é genuíno e para remover o que pode ser abalado; para que o que não pode ser abalado permaneça, para que todos vejam:

> Aquele, cuja voz abalou, então, a terra; agora, porém, ele promete, dizendo, "ainda uma vez por todas, farei abalar não só a terra, mas também o céu". Ora, esta palavra "ainda uma vez" por todas significa a remoção dessas coisas abaladas — como tinham sido feitas — para que as coisas que não são abaladas permaneçam.

> Por isso, recebendo nós um reino inabalável, retenhamos a graça, pela qual sirvamos a Deus de modo agradável, com reverência e santo temor; porque o nosso "Deus é fogo consumidor."

Então, os dias maus vêm. De fato, eles estão vindo, e se acercam de nós. Quando eles chegam à sua experiência pessoal, lembre-se que a palavra de Deus diz que você deve colocar toda a armadura de Deus, orar e ficar firme. Talvez, você conclua que nada mais há para fazer, mas que você poderá vencer se permanecer firme.

Uma vez, recebi uma carta de um missionário da floresta da Nova Guiné. Naquela carta, aquele fiel servo cristão captou o espírito da nossa fé cristã nestas palavras:

> Cara é muito bom estar no calor da luta, sacar as armas mais pesadas do velho diabo, tê-lo junto a você deprimido e desanimado, difamado e doente. Ele não perde tempo com a turma morna. Ele revida certeiro e forte quando alguém bate nele. Você pode sempre medir o peso do seu próprio golpe pelo golpe que retorna.
>
> Quando você está deitado com febre e com o último grama de força, quando alguns dos seus convertidos retrocedem, quando você descobre que os que pareciam tão interessados só estavam brincando, quando suspendem a entrega de sua correspondência, e alguns nem se importam em responder suas cartas, é tempo de ficar

lamentando? Não, senhor! Este é o tempo de "dar um basta" e gritar, Aleluia!

O velhaco está sendo golpeado no pescoço e está revidando. Os céus se inclinam sobre as ameias e assistem. "Será que ele vai aguentar?" E ao verem Aquele que está conosco, quando veem Suas ilimitadas reservas, Seus recursos sem fronteiras, a impossibilidade da derrota, como devem ficar tristes e desgostosos quando fugimos.

Glória a Deus! Não, não fugiremos. Permaneceremos firmes.

Ficar firmes, esta é a expressão dos autênticos, dedicados soldados do Senhor!

UMA BATALHA DEFENSIVA

Há uma segunda verdade indicada pela expressão *ficar firmes*. Ela indica o caráter da batalha que o cristão enfrenta. O ato de ficar firme implica principalmente numa ação defensiva, e a mensagem de Paulo em Efésios 6 é de que uma forte defesa vencerá a batalha. Sei que isto contraria a sabedoria convencional, que "a melhor defesa é um bom ataque". Mas se um castelo está sob o ataque de um exército, a batalha não é vencida por aqueles que estando no castelo se aventuram a dominar o exército que está lá fora. A batalha é vencida por aqueles que permanecem seguros protegidos pelas paredes e repelem toda a invasão. Este é um retrato da nossa vida cristã. Nossa batalha é defensiva. Não temos que conquistar um novo território, temos que defender aquele que já é nosso.

Na batalha cristã, o trabalho ofensivo foi realizado há 2.000 anos na cruz e na ressurreição. O Senhor Jesus Cristo é o único que tem poder para atacar, nesta grande batalha com o príncipe das trevas — e Ele já fez isso. Tudo o que precisamos como soldados da cruz é o que já nos foi dado. Não temos que lutar por isso. Não temos que lutar para ser salvos, para ser justificados, para ser perdoados ou para ser aceitos na família de Deus. Já recebemos todas estas coisas. Elas foram conquistadas por alguém, que nas palavras de Paulo em Colossenses, "despojando os principados e as potestades, publicamente os expôs ao desprezo, triunfando deles na cruz" (Colossenses 2:15).

Assim, Jesus já venceu a batalha lançando Sua ofensiva de uma tosca cruz de madeira. Cabe a nós agora, ficar firmes no território que Ele nos garantiu, usar a armadura que Ele nos deu, e aproveitar e experimentar a nova vida, e a grande aventura que é nossa. O inimigo luta para nos manter ignorantes a respeito dos recursos que possuímos, para que não os usemos totalmente. É aí que estão as linhas de batalha.

Nós, como cristãos, não precisamos tomar um novo território. Na verdade, nem podemos fazê-lo. A vitória completa já foi conquistada e entregue a nós. Como Judas diz, no final do Novo Testamento, "exortando-vos a batalhardes, diligentemente, pela fé que uma vez por todas foi entregue aos santos" (Judas 3). Temos que nos apropriar daquilo que Deus nos deu e não deixar que algo seja perdido ou tomado de nós. É isso que "batalhar pela fé" significa. Não significa atacar todos que não concordam com você. Significa permanecer firme com aquilo que Deus já lhe deu e utilizá-lo inteiramente. Com a mesma ideia em mente, Paulo escreve aos coríntios, "Sede vigilantes, permanecei firmes na fé, portai-vos varonilmente, fortalecei-vos" (1 Coríntios 16:13). Não ceda um centímetro de território mesmo que os outros o façam.

"Mas isto soa tão negativo!" Você pode dizer. "Não quero ficar na defensiva! Eu quero atacar o maligno! Soa como se os cristãos devessem cavar uma toca de raposa, entrar nela e esperar o inimigo chegar esbracejando! Parece que os cristãos devem cobrir suas cabeças e se retirarem do mundo — como se estivéssemos tentando passar pela vida e seguir para o céu sem nos contaminarmos com o mundo! Não quero ver o meu envolvimento no mundo de modo tão negativo!" Essa, é claro, é uma interpretação errada do que a Bíblia diz sobre o que é "ficar firme". Sim, isto se refere a uma ação defensiva, mas o mais impressionante é que este tipo de ação defensiva se torna a maior ofensiva que o cristão pode montar.

O cristão que aprende a ficar firme vestido com toda a armadura de Deus, fortalecido e capacitado pela oração, seus pés plantados e imóveis, é o único que pode realmente impactar o mundo. Ele é o único que refletirá o amor de Cristo em meio às situações desagradáveis. Ele é o único capaz de manter a paz e a serenidade, atitude e segurança no meio de um mundo conturbado e infeliz.

Os cristãos que aprendem a permanecer firmes tornam o mundo mais habitável e mais decente. Jesus disse que os cristãos são o sal da terra. O sal é um conservante; e os cristãos devem preservar a sociedade — somos os que se mantém firmes no caminho da derradeira corrupção e da decadência social. Mas se nós, o sal, perdemos o nosso sabor, para que servimos? Para nada, a não ser para sermos jogados fora e pisados pelos homens! E isto, de modo geral, é o que o mundo está fazendo com a igreja cristã nestes dias — pisoteando-a como coisa indigna e inútil. Isto acontece porque não aprendemos a permanecer firmes — e por isso perdemos nosso sabor, nossa capacidade de ajudar a preservar nossa sociedade contra a corrupção.

Mas quando os cristãos verdadeiramente aprendem a tornar-se o tipo de sal que Deus quer que sejamos, quando aprendemos a ficar firmes enquanto o mundo ao redor está caindo, as pessoas que nos cercam ficam boquiabertas. Querem saber o nosso segredo, anseiam conhecer o que nos capacita a permanecer firmes num mundo tão decaído. "O que estas pessoas têm?" eles se perguntam. "Eles não se vendem barato como nós, não vão na onda da multidão. Resistem a pressão e a tentação e permanecem firmes por algo maior do que eles."

Essa é a verdadeira masculinidade e a verdadeira feminilidade em Cristo. E Deus busca exatamente isso em nossas vidas. É isto que Ele quer fazer de nós em Cristo. Mas, o propósito da batalha não é tornar-nos este tipo de pessoa, pois Cristo já nós faz assim quando o seguimos. A batalha é mostrar, revelar, manifestar o que somos. Então, vista toda a armadura de Deus — tudo o que Cristo é! Ore! Tendo feito tudo isto, permaneça firme em seu território!

A BRECHA FATAL

Há uma terceira verdade indicada pela expressão permanecer firme, — a certeza da vitória. Se ao colocarmos a armadura de Deus e orarmos permanecemos firmes, imóveis e impassíveis, então não há nada mais que se necessite fazer para vencer. Afinal, se um castelo não pode ser tomado, o exército que o ataca não tem mais nada a fazer além de bater em retirada. Estão derrotados.

Através de todo este livro, falamos sobre a sagacidade de Satanás, a sutileza de seus ataques, suas ciladas e a impossibilidade de derrotá-lo pela sabedoria humana. Cada santo relatado nas Escrituras, cada cristão através da história, foi uma vez ou outra, derrotado pelo diabo quando tentou enfrentar o diabo com suas próprias forças. Isto é verdade, mas também é verdade que quando qualquer santo, qualquer cristão, mesmo o mais novo e o mais fraco, permanece firme na força de Cristo, veste toda a armadura de Deus e ora, o diabo é sempre derrotado.

Isto acontece porque há uma brecha fatal na abordagem do diabo. Quando o cristão permanece firme no território da fé, o diabo sempre exagera e se engana. Satanás vai muito longe. Ele se compromete com extremos, e aí vem sua derrota. Mais cedo ou mais tarde, a verdade da realidade deve tornar-se aparente. O diabo não pode nunca tomar o território da verdade, porque, é claro, derrotará seus próprios objetivos. Deus é a verdade, o diabo não pode defender e apoiar Deus, pois ele está lá fora para atacar e sobrepujar Deus. Tudo o que o diabo pode fazer é tomar o território da mentira, do extremismo, da distorção e do engano. Finalmente, porque Deus é a verdade (e a verdade é sempre o reflexo de Deus), a verdade deve finalmente prevalecer. Porque Deus nunca muda, isto é verdade por toda a história do mundo, e continuará sendo na eternidade.

Abraham Lincoln expressou-se muito bem naquela famosa citação: "Você pode enganar algumas pessoas o tempo todo, você pode enganar todas as pessoas por algum tempo, mas você não pode enganar todas as pessoas todo o tempo." A verdade aparece. Deus é a verdade. Se nós vivemos com a verdade tempo suficiente, permanecemos firmes nela tempo suficiente, ela prevalecerá e se revelará.

Isto explica o que nos referimos às vezes como o fenômeno de "moda do mal". Qualquer pessoa que tenha sido cristão por algum tempo aprende que o mal vem em ciclos, como a moda de roupas. Você pode estar fora de moda por um tempo, mas se permanecer no seu estilo por tempo suficiente, a moda voltará. Se você está permanecendo firme na verdade de Deus, haverá tempos em que ela será escarnecida pelo mundo. Rirão da verdade e debocharão de você. Mas se você seguir estas pessoas tolas, que pensam que têm que se ajustar a cada nova corrente de ideias, e tentam manter o que elas chamam de "respeitabilidade intelectual" todo o tempo, descobrirá que com a mesma rapidez com que você se ajustar os estilos mudam e você estará por fora de novo.

Mas se você permanecer firme naquilo que Deus declarou como imutável, você descobrirá que um estranho fenômeno está acontecendo: As mesmas verdades que foram atacadas pelo mundo décadas atrás, estarão na moda novamente, e exaltadas como as mais novas descobertas dos brilhantes intelectuais. Então, você, que creu todo o tempo, estará novamente na moda. A verdade nunca muda.

O diabo será finalmente derrotado se você simplesmente permanecer firme no que Deus disse. O seu inevitável destino é ser derrotado pelas mesmas armas que tenta usar contra Deus e Seu povo. Por essa razão, é tolice crer nas mentiras do diabo.

O diabo é como o vilão nos velhos melodramas. Lembra como a trama sempre se desenvolve? A heroína aparece condenada e o vilão está em vantagem. Ele enrola o bigode e esfrega as mãos com contentamento. Mas, no momento crítico o herói chega e tudo muda. O vilão é abatido por seus próprios esquemas e sai do palco resmungando, "Maldição! Derrotado de novo!" Este é o destino do diabo quando ele ataca qualquer cristão que deseja tomar uma posição e firmar-se em seu território sem ceder.

Quando somos tentados a ceder nosso território, devemos olhar para a cruz. Lembre-se que a cruz não foi sempre um símbolo de vitória sobre o pecado e morte. No terrível momento em que Cristo foi pregado naquelas vigas toscas e levantado contra o céu escuro, a cruz parecia a suprema realização do diabo. Todos os poderes das trevas uivaram com triunfo ao verem o Filho de Deus castigado e ferido, rejeitado e desprezado, pregado ao cadafalso mortal. O próprio Jesus disse, "Esta, porém, é a vossa hora e o poder das trevas" (Lucas 22:53).

Porém, foi neste exato momento que Satanás foi derrotado! Na cruz, tudo o que Satanás pôs em risco foi destruído, e o diabo e seus anjos, foram desarmados pelo poder de Jesus Cristo. É isto que Deus faz a vida toda. Sim, o diabo ainda faz seus terríveis estragos no mundo; ele ainda manda doenças, trevas e sofrimentos. Este é todo o trabalho que ele faz. Mas, este não é o final da história. Deus utiliza toda a miséria e horror infligido por Satanás em nossas vidas e a usa para nos fortalecer, abençoar, ensinar, nos fazer crescer e nos dar um ministério vibrante no mundo.

Sejam quais forem as batalhas e conflitos com o diabo, sejam quais forem as feridas que possamos sofrer nesta luta boa e nobre, Deus nos dá a vitória final. Esta é a nossa certeza final. Esta é a história em sua totalidade.

A QUESTÃO FINAL

Aqui está uma afirmação de um homem cristão inválido por toda a vida — uma daquelas pessoas solitárias, obscuras que vivem em constante dor, que não sabe o que significa usar seu corpo para nada, além de sentir dor e sofrer. Mas, ele escreve assim:

> A solidão não é algo em si mesmo, não um mal enviado para nos roubar as alegrias da vida. Solidão, perda, dor, sofrimento — são disciplinas, presentes de Deus para nos conduzirem ao Seu coração, para aumentar nossa capacidade para Ele, para afiar nossas sensibilidades e entendimento, para temperar nossas vidas espirituais para que elas se tornem canais de Sua misericórdia para outros, e produzam frutos para o Seu reino. Mas estas disciplinas dever ser apreendidas e usadas, não impedidas.
>
> Tribulações não devem ser vistas como desculpas para vivermos na sombra, de meia-vida, mas como mensageiras, embora dolorosas, para trazer nossas almas em contato vital com o Deus vivo, para que nossas vidas possam ser cheias até transbordarem dele, de maneira que talvez, seja impossível para aqueles que conhecem menos o lado escuro da vida.

É isto que significa permanecer firme, um dia desses, a Bíblia diz, a luta vai terminar. Terminará para todos nós no final das nossas vidas, mas poderá terminar antes com a vinda do Senhor. Algum dia a luta terminará, não há dúvida. E algum dia se escreverá de alguns, como está escrito no livro de Apocalipse, "Eles, pois, o [diabo] venceram por causa do sangue do Cordeiro e por causa da palavra do testemunho que deram e, mesmo em face da morte, não amaram a própria vida" (Apocalipse 12:11).

A grande questão da vida não é quanto dinheiro ganhamos ou quantos degraus galgamos no nosso status social, ou se conseguimos o melhor escritório da firma, ou quão importantes nos tornamos. A grande questão, acima de todas, é o que pode ser escrito de nós ao chegarmos ao final desta luta, que vencemos pelo sangue do Cordeiro e pelo nosso testemunho, pois não amamos a nossa vida até a morte.

À medida que o mundo escurece, a verdade de Jesus Cristo brilha mais. E a verdade mais brilhante de todas é esta: Ele já venceu a guerra na qual lutamos. A guerra terminou no momento que Ele gritou, "Está consumado!"

Nós não temos que marchar contra o diabo, nem temos que atacar o inimigo. Temos que simplesmente assumir a postura intangível, invencível, infalível. À medida que a escuridão e a maldade aumenta, nós não nos moveremos! Nós vestimos a armadura de Deus, plantamos nossos pés. Embora o inimigo esteja atacando, nós não tememos, pois a batalha já foi vencida.

Permaneça firme, meu amigo! Firme-se no seu território! A vitória em Cristo é nossa!

Oração

Senhor, eu vivo em tempos perigosos, mas Te agradeço porque não vejo a vida como é retratada nos jornais, nem na tela da televisão, mas em Tua Palavra viva — a única janela confiável da realidade e verdade. Ajuda-me a crer nela e obedecê-la. Acima de tudo, ajuda-me a permanecer firme, invicto e invencível em Cristo.

No nome de Jesus, que já venceu a batalha na cruz, e que saiu da tumba no glorioso poder da ressurreição, a Ele seja a honra, o louvor e toda a vitória, amém.